JN275331

明日(あす)を紡(つむ)ぐ ラオスの女性

暮らしの実態と変化のゆくえ

風野寿美子
Kazeno Sumiko

めこん

最愛の夫　故佐藤正孝に捧ぐ

謝　辞

　ラオスについての資料は、ヴィエンチャンの本屋と市場、バンコクのチュラローンコーン大学書店などで、入手したものが多い。蒸し暑いバンコクの町を、書籍で重くなったリュックを背負って汗びっしょりになりながら、一緒に歩いてくれたのは、夫、故佐藤正孝です。
　思い出す度に、今は彼のいない寂しさに胸が詰まりますが、やがて、彼の大きな愛情に包まれていた頃の幸せが、しみじみと心に広がり、私を静めてくれます。こうして、気を取り直しては、また、思いは深い寂寥の中に沈んでいく、私の心はそんなことを繰り返しています。

　ラオス各地の村々に案内して下さり、私の質問にも、根気よく付き合って下さったのは、若原弘之・ソンペットさんご夫妻です。そして、ホアパン県サルイ村村長のカム・オーイさんご一家を始め、村の方々、その他大勢のラオスの人々にどれだけお世話になったかわかりません。
　楽しい旅の、心強いパートナーとなって下さった、夫の昆虫研究友達、先輩、後輩の皆様にも大変お世話になりました。
　また、本書の出版を快く引き受けて下さいました、めこんの桑原晨氏に心より感謝申し上げます。
　皆様のご好意がひとつになって、この本が出来上がりました。有難うございました。厚くお礼申し上げます。

2007年7月7日
風野寿美子

目次

謝辞 3
ラオス全図 8
まえがき 9

第1章　ホアパン県サルイ村にて

1. 村の暮らし 13
2. 増える商い 18
3. 村長の日常 18
4. 教育の現状 20
5. 仏教とラオ化 21
6. 変わりゆく村 23

第2章　女の支配領域、市場にて

1. 重荷は女性が背負う 26
2. 市場散策 29

第3章　民族構成・日常生活

1. 居住地の高低による民族分類 38
　　（1）ラオ・ルム（低地ラオ人） 39
　　（2）ラオ・トゥン（山腹ラオ人） 40
　　（3）ラオ・スーン（高地ラオ人） 40
2. 民族・言語学的分類 42
3. 居住地域の分け方 43

4. 日常生活 ····· 44
 (1) おもな収入源 ····· 45
 (2) 食糧自給率 ····· 46
 (3) 家屋、水、電気、燃料など ····· 48
 (4) 医療施設 ····· 50

第4章　歴史的背景

1. ラーンサーン王国 ····· 53
2. フランスによる植民地化 ····· 54
3. ラオス独立運動 ····· 55
4. ラオス内戦 ····· 58
5. 革命：ラオス人民民主共和国の成立 ····· 61
6. 終わりなき内戦の悲劇 ····· 65
7. ラオス女性同盟 ····· 68

第5章　家族制度・出産

1. ラオスの母系制 ····· 74
2. 日本の母系制 ····· 77
3. ラオスにおける母系制の実態 ····· 80
 (1) 最初の結婚年齢 ····· 82
 (2) 婚資 ····· 83
 (3) 結婚後の住居 ····· 86
 (4) 土地所有権 ····· 88
 (5) 家庭内の決定権 ····· 91
4. 母系制のゆくえ ····· 93
5. 出産 ····· 96
 (1) 出生率 ····· 97
 (2) 最初の出産年齢 ····· 98
 (3) 出産の場所・立ち会う人 ····· 100
 (4) 妊産婦・乳幼児死亡率 ····· 101

(5) 避妊 103
　(6) AIDS・HIV 104

第6章　教育

1. 教育の歴史：ラオス語の受難 106
2. ラオスの教育制度 109
3. 識字率 110
4. 就学率 111
5. 進級制度 112
6. 校舎 115
7. 教師 117
8. 女子の教育 118
9. 児童労働 119
10. 山積する問題 121

第7章　描かれた女性像

1. 寺院の壁画からジェンダーを読み取る 124
2. 物語に見る女性像 127
　(1) 民話の語る理想の妻 127
　(2)「ジャータカ」に見る女性像 130
　(3) 女性は常に忍従したか 135
3. ラオス文学の考察 138
　(1) ラオス現代文学の特質 138
　(2) ウティン・ブンニャウォンの場合 141
　(3) 短編集「母のいとし子」 143
　(4) 女性：母なるもの 151

参考文献 154
あとがき 159

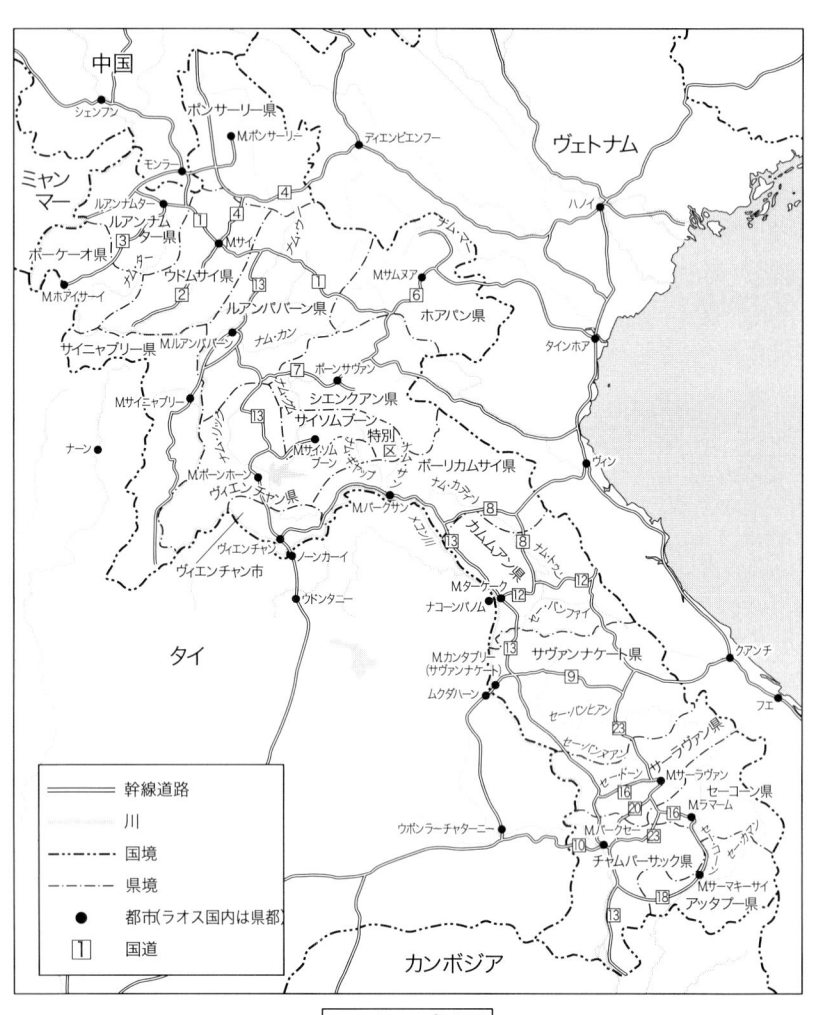

ラオス全図

M. は市・町を表すムアンの略。

まえがき

　初めてラオスを訪れたのは2002年4月だった。滞在したのは、北部ホアパン県の県都サムヌアに近い、人口850人余のサルイ村だった。私は慌しい日常から抜け出して、いきなり家畜で賑わう、草葺き屋根、高床式の家々の間を車で走り抜けている自分に興奮していた。タイムスリップしたように、唐突に現れた農村の風景の中で、伝説的な異次元世界に飛び込んだような気がした。

　しかし、後になって、その平和な村のたたずまいとはうらはらに、実は、当時のラオスは地域によっては不穏な事件にしばしば見舞われている、ある意味では危険地帯であったことを知った。

　ラオスでは、内乱に明け暮れた20世紀の終わり、2000年には、ことに多くの公的な施設で謎にみちた一連の爆破事件が報告されている。この年、ヴィエンチャン市内では、ラーンサーン・ホテル付近、タラート・サーオ（朝市）、バスターミナル、中央郵便局、アジアンパビリオン・ホテル前、ワッタイ国際空港前、無名戦士の墓付近などで、10件の爆破事件が起きた。また、南部パークセーのチャムパーパレス・ホテルでも事件が発生した。そして、翌2001年1月には、ヴィエンチャンとタイのノーンカーイとを結ぶ友好橋の入国管理事務所が爆破された。［アジア経済研究所 2001: 256-257］

　外国メディアのほとんどは、これらの事件を反政府活動、特にモン族（40ページ参照）による反政府組織の犯行と見るが、政府はこれを否定し、強盗目当ての犯行、またはビジネス上のトラブルによる犯行であると主張する。

　確かに、内戦時代に現政権と戦った王国政府側のモン族の根強い反政府活動は、1998年頃から活発になり、2000年もシエンクアン地方で政府軍との衝突を繰り返したと伝えられている。しかし、反政府活動がモン族によるものばかりではないことを示す事件が2000年7月パークセーに近いワンタオの入国管理事務所（タイ側から陸路で入れる唯一の国境）で起こった。タイから侵入した約60人の王国旗を掲げた武装集団が建物を襲撃、占拠、「王制復古と民主的選挙の

実施」を叫んだ。政府軍との銃撃戦の結果、武装集団の6人が死亡、28人がタイに逃亡して拘束されたという。報道によれば、襲撃を率いたのはラオス・カンボジア・タイとの国境を拠点とする「ラオス中立・正義・民主党」のスアン・セーンスラ元王国軍少将で、首謀者は在米反政府組織のメンバーとされるシソーク・サイニャセーンという人物であるという。押収物には在米反政府組織や亡命王族との関連を示唆する文書が発見されたため、さまざまな在外反政府勢力が結束して、現政府に対する市民の不満、反感を搔き立てようとしたのではないかと推測されている。［山田2001: 249］［Theeravit, Khien and Semyaem, Adisorn 2001: 141-149］

翌2002年もなお爆破事件が1件、反政府武装勢力のラオス侵入が2件報道されたものの、不穏な動きは鎮静化し、終息に近づいたのではないかと楽観的な見方が強まった。

しかし、私たちが2度目のラオス訪問を果たした翌2003年のラオスでは、それまでにない形の襲撃が報告されるようになった。それは武装勢力による民間のバスやトラックの襲撃で、国道13号線を中心に、外国人を含む多数の犠牲者を伴う事件が7件起きた。さらに、従来と同じ爆破事件も再発し、計14件におよぶ暴力事件が報告されている。［アジア経済研究所 2004: 262-263］

国道13号線は、首都ヴィエンチャンから北は古都ルアンパバーンに至り、南はカンボジア国境を抜けて、カンボジアからヴェトナムのサイゴンに至る。ヴィエンチャンからルアンパバーンに向かって13号線を走るバスは、暫くは郊外の平坦な道を走って3時間余、やがて峨々たる石灰岩の山々が直立して眼前に迫るヴァンヴィエンに至る。

2003年4月20日に起きた13号線でのバス襲撃事件は、日本の新聞でも報道されたので、6月にラオス再訪の予定だった私たちには、衝撃的なニュースだった。地元の旅客40人を乗せたヴィエンチャン行きの路線バスが、ルアンパバーンから南へ約80km地点で武装集団に襲撃され、乗客の学生ら少なくとも10人が死亡、10数人が負傷したという。ラオス政府は「山賊による犯行」と発表し、テロの可能性を否定した。［読売新聞 2003：11］

そこに偶然居合わせた人々を悲惨な運命に巻き込んだ、これら一連の事件の原因については、犯行声明が伴わないため、推測に頼るしかない。モン族の叛

乱、在外反政府組織、国内の不満分子、党内派閥抗争などが憶測されるものの、決め手になる情報はないようである。真実は曖昧模糊とした霞の向こうにぼかされて終わるのが、この国の常なのだ。確かなことは、現政権に反撥するもの、内戦時代の旧王国派の残党など、さまざまなグループの不満が、大規模な力に結集することは不可能なまま、国のあちこちで火を噴いたということであろう。だがそれ以降、事実はどうなのかはわからないが、このような不穏な事件は報道されていない。

　爆発や襲撃事件の報道がめっきり少なくなるとともに、ラオスでは消費文化の洪水が目立つようになった。ラオスへの旅は計6回を数えるが、訪れる度に、その物質文化の浸透の速さに驚くばかりだ。

　しかし、それは都市部の話で、それとともに依然として変わらぬ村の生活との格差の拡大にも驚く。ラオスもまた、ほとんどのアジアの国々と同じく、1つの国名のもとに2つの社会が、何の関わりもないかのごとく、並存している。

　そういう村々で、最初、私に衝撃的な感動を与えたことは、何度行っても変わらず衝撃的である。それは、ラオスの女性の懸命な働きぶりである。ラオスは15年にもおよぶ内戦を経て成立した社会主義政権の経済政策が不調のままの状態が長期化し、グローバルな開発の波も届くことなく、停滞した生活様式、生活水準から抜け出せずにいる。ここで「抜け出せずにいる」という否定的な意味合いの言葉を使うのが適切かどうかの判断は、価値観の相異による。市場経済の恩恵に浴して、効率の良い、便利な生活を楽しむ人々にとっては、国全体が「村」であるようなラオスの風景は、「失われた世界」に誘ってくれる場所でもあろう。しかし、旅人の気まぐれな郷愁を満足させるために、ラオスの農民は古い生活様式を守っているわけではない。現代には、現代の新しい願望が生まれるはずである。

　80年代後半からの市場経済導入によって、ヴィエンチャンの都市部を中心に、快適で便利な物質文明の浸透は見られるものの、その恩恵に浴している人々はごく限られていて、人口の80％を越える自給自足の農民全体の生活の向上は遅々として進まないのが現状である。

　このような背景の中で、ラオスの女性は、少女も含めて実によく働く。早朝から籠を背負って山に入り、水を運び、薪を集め、山菜を採り、家畜の世話を

し、田畑で働き、家事全般をきりまわし、子供を産み育てる。その上、糸を紡いだり、機(はた)を織ったり、商品を用意して市場で商ったりもする。このような女性の姿を見ていると、この国は女性の働きによって養われているような感慨に捉われる。

　しかし、このような女性たちの家事、農作業、家畜飼育、機織り、小規模な市場での働きは、すべてインフォーマルな労働であり、統計をとって客観的な数字にして示すことは困難である。そこで、私はさまざまな角度から彼女たちの日常生活を浮き彫りにして、女性の役割やあるべき女性像がいかにして形作られてきたかを考察し、その実態を伝えるとともに、今後の問題点、変容の可能性を展望したい。

　なお、ラオスの日常生活の実態を述べるにあたって、政府発表の統計を多く引用したが、多民族、多言語、交通の困難、識字率、情報・知識の格差などを考えれば、必ずしもこれらの数字が実情を正しく伝えているとは限らないのは勿論である。それでも、今まで不確実であったラオスの人々の生活の現実を知る手がかりができたわけで、ある程度の把握は可能であると考えて、使うことにした。

　また、参考文献の金額の数値もそのまま引用したが、幾度かの為替レートの変動を経て、それぞれの執筆時期と現在とではかなり価値が異なることをご了承頂きたい。ことに90年代後半には、アジア通貨危機によって、80％余の通貨下落を経験した。2005年秋の時点では、1万キップを1ドルと換算していた。

　なお、写真は筆者の撮影による。

第1章　ホアパン県サルイ村にて

1. 村の暮らし

　2002年の春以来、毎年訪れているサルイ村は、ヴェトナムと国境を接するホアパン県の県都サムヌアから南へおよそ40km、標高1350mの村である。民族的には、外海を経てインドシナ半島に至り定住していた先住民族であったが、タイ諸族の南下移動によって山上に追い上げられたというモン・クメール系民族のカムー族（40ページ参照）の1グループである。人口およそ860人、世帯数142、大部分の民家は、シエンクアンに至る国道6号の両脇に向かい合うようにして建っている。この道路を通る、1日2便のサムヌア行きの定期バスは、時刻表があるようなないような、全く不定期であてにならない。それでも、料金は9000キップかかるため、村人は気軽に利用するわけにはいかない。

　草葺き、板葺きの屋根、板または竹を編んだ壁という家屋が一般的であるが、煉瓦造りの家や、トタン屋根の家もある。伝統的なタイ系民族（ラオ族を含む）の家は、支柱の上に建てられた2階が住居になっているが、その他の少数民族の家は直接地面の上に建てられていると聞いた。確かに、ある村は一律に支柱の上に、ある村は一律に地面の上に住居が建てられているのを見て、住居の形態による民族分布という説明に納得したこともあった。しかし、サルイ村は、支柱のある家、ない家、さまざまであった。

　主要道路に沿って流れる川は、水浴、洗濯など、村の生活の一部となり、暑い日にはここで遊ぶ子供たちの甲高い歓声が湧き上がる。道路は、人の往来ばかりでなく、家畜の往来で賑やかだ。背後には、標高2075mのプーパン（パン

村の主要道路

山）がそびえているが、この山が、山菜、木の実、狩猟の獲物などの食料、および薪、飲料水などの主な供給源となっていて、村の重要な生命線である。

　村の周囲の平地と山の裾野が水田になっていて、主食のもち米を作っているが、村の周辺のあちこちには焼畑もあり、陸稲をも作っている。あたりの山々は、長年にわたる焼畑農業の結果、禿山になったままのところが多い。最近、耕地の拡張を図って、プーパンの裾野を開拓し始めたため、森林が切り払われ、湿地が涸れてきている。また、このあたりでのガチョウやヤギの飼育が増えてきたため、村が、山の領域にまで侵入し始めたという印象だった。

　道に人通りが絶えても、必ず何かしら家畜の姿は見える。ニワトリ、アヒル、ガチョウ、黒豚などは始終道路に出てきて、餌を探す。ここでは、家畜も自給自足を心がけなければならない。単独で、集団で、うろうろと歩き回る。牛も集団で、道路いっぱいになっているが、騒いだりうろうろしたりはしないで、静かに歩み、人と向かい合うと一斉に立ち止まってじっとこちらを見つめる。その間を通り抜けるには、かなりの勇気がいる。もっと重々しい水牛は、みだりに道路をうろつくことはない。

　ここでも伝統的農法に従って、雨季が始まり水田に苗が植えられる季節にな

ると、今まで田に放牧されていた牛や水牛は、田を追われて、高地に移動して餌を探さなければならない。そして、乾季の稲の刈り取りが終わる頃、水も草もなくなった山から、再び田に帰る。田に放牧された家畜は稲穂の刈り取られた株を食料にするが、同時に彼らの排泄物によって次の稲作のための養分を与えることになる。

　雨季を迎えて田植えの季節になると、夏休みの始まりで、6、7、8月の3ヵ月間、学校は無人となり、運動場は、迷い込んだ家畜の放浪場所、薪を背負って山から降りてきた女性たちの村に帰る近道になる。

　田植えは有料の共同作業で行なわれるが、代掻きをしたり、耕運機で苗を運んだりするのは壮年の男性で、田植えをするのは女性と子供たちである。雨が降ってくれば、青い四角のビニールシートを首のところで結んで身にまとい仕事を続ける。男の田植えは見たことがない、妻が田植えに出れば、夫は子供をおんぶして家で留守番をしている。

　稲作の出来は、その年の天候によるが、家族が次の収穫時期まで食べられる米を確保するのが第一であり、それでも余剰米が出れば、売却して現金に変える。そういう世帯は、村では数えるほどしか存在しない。女性の手による野菜の栽培は裏庭や開墾地を利用した小規模なもので自家用であり、サムヌアの市場に運んで収益をあげるほどの産物はない。

　ラオスの農村は不在地主などによる搾取の歴史はない。現在、土地については、原則的には私有制度ではなく国家所有となっているため、農民は使用権を認められているにすぎない。政府は税制整備のため、全国的に土地の測量、登記の大事業に着手したが、この村では、まだ実施されていない。現在は、農地1ヘクタールにつき1万5000キップ、宅地$1m^2$につき7キップを納めている。

　現金収入の道は、これという商品作物もなく、他の村と同じく、男性の賃金労働と女性の織物である。賃金労働は、中国雲南省やタイなどからの外国企業の木材伐採現場での臨時雇いであり、予定の伐採が完了すれば仕事はなくなる。

　織物は、主に伝統的な「シン」と呼ばれる巻きスカート用の布であるが、特別注文によって多様なデザインを織り込んだスカーフやストールを織る家もある。もともとは草木染めの絹、木綿糸など自然素材で織ったものだが、効率的な制作、収益のために、現在では化学染料で染めた天然繊維を大量購入して織

手製の糸車を操る。

ったり、化繊糸を使用したりすることが多くなってきた。

　この村でも商品としての織物を織るようになったのは最近のことだというが、ほとんどの家に織機が置かれていて、女性が周囲に子供を遊ばせながら、織物をしたり、糸車を回したりしている姿が見える。電気のない村であるから、自然の光に頼るしかなく、糸を扱う仕事の環境は決して良いとは言えない。それで、織機は、少しでも多く明かりの入る、開け放した玄関口や、住居が支柱上の2階の場合は階下の空間に置いたりする。

　村の西方の外れに、新築の木造の家があって、清潔な内部を見せてもらったことがあるが、新婚の妻は織物のベテランで、織物を通して国際的な交流の機会を持った写真などを見せてくれた。この村では珍しく大きな窓を開け放つと、室内は非常に明るかったが、どの部屋にも織機らしいものがない。どこで織るのか尋ねてみると、家の玄関脇の小さな藁葺き屋根の小屋に案内してくれた。小さな明かり取りのある土間の小屋は、織機1台分のスペースがやっとで、さっき見た住まいの明るさに較べれば、格段に薄暗く、湿っぽい感じがした。それでも、織りかけた布は、色彩鮮やかな複雑な文様で豪華に見えた。貴重な現金収入を得て、家計に大きく貢献できる織物をする場所としては、あまりにも

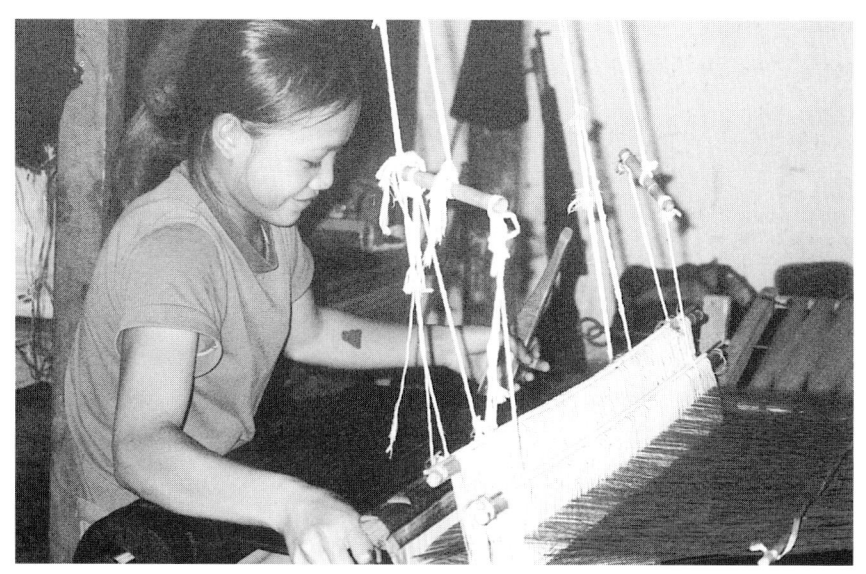

織物をする少女

恵まれない環境条件ではなかろうか。

　家の前には木で作ったいくつかの低い椅子があって、人々はよく所在なさそうに家族総出で道路を通る人々を見物したり、呼びかけたりする。彼女も、こうしてぼんやり外を眺めていて、雨の中を歩いている私を見かけて、家に招じ入れてくれたのだった。この家だけは、村はずれというだけでなく、近所の家からもかなり離れてぽつんと建っていたので、夫の留守中の孤独感、刺激のなさは相当なものであろう。しかし、彼女は妊娠中であったから、遠からずもっと賑やかになるはずだった。

　大部分の女性たちが織物をする場所は、生活の場でもあって、育児、家事、社交と一体化している。まわりで子供を遊ばせたり、手伝わせたり、家事をしたり、食事の支度をしたり、通りかかった人の相手をしたりしながらの作業になりやすい。それで、女の子は早くから母の仕事も織物も覚えて、いつしか頼もしい戦力になっていく。

2. 増える商い

　2002年には村の雑貨屋は1軒だけで、飲み物、駄菓子、日用品、衣類、帽子などが所せましと並べられ、ぶら下げられ、埃をかぶった草葺きの家々の中で、色彩豊かな輝かしい存在だった。この家の夫は雑貨屋の傍ら運送業も営んでいて、古いジープを駆って、人と物を載せては近隣の村でも町でも山でも往復してくれた。

　翌年になると、雑貨屋は3軒になり、おまけに風船割りの遊技場が2軒できていた。板で碁盤状に仕切った長方形の箱を立て、仕切られた枠に自転車の空気入れでふくらませた風船を入れ、ダーツのように矢羽を投げて遊ぶ。1ゲームにつき3度投げて、1000キップ。割れた風船の数によって、景品がつく。夜になると、そこだけ、自家発電の騒々しいエンジンの音とともに、煌々と明かりがつき、オートバイでやってきた若者の騒ぐ声が深夜まで聞こえる。

　若者ばかりでなく、家族連れの人々も懐中電灯を持って村の中を歩きまわり、風船割りなどを見物している。

　村には1軒だけ、パラボラアンテナを立てて、テレビの見られる家があり、1人1000キップで客を入れている。たぶん、タイのアニメーションとか歌謡番組を見るのだろう。この国のテレビは国営で、主な番組は新聞記事を朗読するような、政府からの広報のような感じだが、言葉、文化に共通点の多いタイの番組は自由にキャッチできる。

3. 村長の日常

　私たち一行、昆虫研究者数名のグループは、いつも村長宅の2階に宿泊させてもらっていた。村長の名はカム・オーイ。ラオス語でカムは金、オーイはサトウキビを意味する。

　村長宅は2棟になっている。1棟は2階建てで、下は土間の玄関でもあり、多目的用の部屋でもあった。道路に面したその部屋は開け放すと、コンクリー

トをうった軒先のスペースと一体になり、女性が織物をしたり、子供が遊んだり、勉強したり、通りかかった人が世間話をしたり、食事をしたり、そして、夜は寝室になったりした。その2階は板の間の大部屋であったが、いくつかに仕切られていて、私たちはそこで家族とともに寝泊まりさせてもらった。

その建物の背後にある別棟は、ラオ式の支柱の上に建てられた台所になっていた。板壁の上方には、窓のように、明かりや外気を入れるための隙間がたくさん作ってあって、必要なときは戸板を動かして閉じられるようになっていた。棚には台所用具が並べられており、部屋の真ん中には囲炉裏が切られて、村長が水タバコを吸いながらどっかりと腰を降ろして、赤々と燃える火を守っていた。そして、時には孫の捕らえてきたバッタの羽をむしって焼いたり、タイ製のインスタントラーメンを大鍋で煮たりもしていた。

しかし、2年後、この棟は改築され、支柱だけ立っていたスペースは、周囲に壁を付けて台所に変わっていた。以前、台所は2階にあったので、これで、水を運んだり火を焚いたりする作業はよほど便利になったようだ。この炊事部屋はいわば日本のLDKに相当する場所で、12人の家族は何かといえばここに集まって、火の番をしたり、料理をしたり、食事をしたり、しゃべったり、訪問者の相手をするばかりでなく、壁際に作りつけになっているベンチで火にあたりながら眠ることもできるようになっていた。

しかし、村長のこの台所は村の中では特別で、まだ戸外に軒を付けただけの台所も多く存在し、悪天候の場合の女性の苦労が思いやられる。

村長の家族は3世代12人で、村長夫妻、長男夫妻と子供3人、2男夫妻と子供2人、そして3男とからなるが、他にも色々な人が玄関先で見物していたり、出入りしたりするため、最初の年は誰が誰だかわからなかった。

村長夫妻には子供はないので、3人の息子たちは養子ということになるが、ラオスでは一般に、同一民族を1つの家族のように考えれば世帯内での血縁関係の違いにはこだわることはない、という了解があるようだ。次期村長の有力候補と目されている2男のマイさんは、3度目に訪問したとき、結婚していて女の赤ちゃんがいたが、妻は前の結婚で得た女の子を連れてきたので、2人の子持ちになっていた。小さい子供は家族の誰かがおんぶしたり、玄関先の椅子にかけてあやしたりしている。

村長夫妻は50代後半だが、農業に関しては現役を退いたようで、直接田畑に出て働くことはほとんどない。村長は玄関先の椅子にかけて、村人ににらみをきかせており、時には村人の相談にのったり、決断を下したり、外に用事があれば新品のピカピカのオートバイに乗って走っても行く。村長夫人は、子守りをしたり、世間話をしたり、ラオス語のテキストを差し出すと、張り切って読んでくれたりした。夫妻は貫禄十分で、村の権威ある代表として、外部との折衝、連絡などを一手に引き受けるスポークスマンの役目を果たしていた。

　初めてこの村に滞在したとき、村長宅にはタイ式の、使用後水で流す清潔なトイレがあり、玄関先には、ADB（Asian Development Bank）から贈られたという、それと同じ白い陶器の便器が山積みになっていた。翌年には、その陶器の山が消えていたので尋ねてみると、村の共同作業で全戸にトイレを作ったということだった。

4. 教育の現状

　小学校は木造1棟の2教室で、生徒数は近隣からの生徒も含めて200人余。見慣れた景色だが、ベンチと長机、古い黒板1つだけで、職員室もトイレもない。それでも、学校があればいい方なのだ。幾つかの近隣の村から通学してくる子供たちもいる。

　村長の話によれば、入学時には生徒の性別による差はほとんどないが、学年が進むにしたがって、男手を必要とする家庭が男生徒を退学させるため女生徒の方が多くなるという。男性優位とする一般論とは反対の観察だった。また、ある女性は、男女ともに中途退学の多い理由として、何度も進級試験に失敗して留年を重ねて年長者となるのが恥ずかしくなって学校を去っていくのだとも言っていた。

　ここで小学校を卒業して中学校に進学する子供は、5km離れた隣村の中学校まで通学するが、徒歩で1時間かかる。現在、サルイ村の中学生は20数名である。さらに高校に進学する場合はサムヌアに行かなければならないので、通学は不可能なため、下宿する必要がある。2003年の時点では、サルイ村から

村の小学校

の高校生はただ1人だけだった。

5. 仏教とラオ化

　最近、村には不釣合いなほど高い赤屋根に、鉄骨の柱、吹き抜けのコンクリート床の市場が、援助資金によって建設された。日曜日の早朝、車に商品を載せて売り手がやってきて、この時とばかりに織物用の糸や食料品などを大量に並べる。積極的な売り手は中国人で、村の住民はもっぱら買い手である。

　もう1つ、この村の丘の上に、新しい建物が出現することになった。仏教寺院である。寺院建立のために、村長は私たちのような外国からの訪問者からも寄付金を募り、翌年には、丘の上に僧侶の仮住まいの建物が作られ、櫓が組まれていた。

　ラオ・トゥン（山腹ラオ人）とも呼ばれているモン・クメール系の人たちは、本来、精霊（ピー）を信仰する。家の中にも自然界にも、さまざまな精霊が宿り、人々の現世の行ないや精霊の遇し方に応じた運命がふりかかると信じられてい

未完成の寺（2005年秋）

る。精霊の怒りをなだめたり、その恵みを願ったりするために、現在もなおさかんに動物供犠を行なっている。

　それが、今どうして仏教なのかという気もしたが、彼らの間では、精霊信仰と仏教信仰が互いに影響し合い、平和に共存し合ってきたのだ。ルアンパバーンの歴代の王たちは、仏教行事において原住民の協力を得ていたとも伝えられている。つまり、寺院建立は、非ラオ族の「ラオ化」の現象という側面もあるが、ラオスでは昔から精霊信仰と仏教が渾然と混ざりあってきたという事実もある。

　誠に現実的な理由で仏教を採り入れている例もある。ヴィエンチャン県ヴァンヴィエンに位置するヴィエンサイ村は、伝統的には精霊信仰だが、同時に仏教に従った儀式も行なう。これは、時間、経済、エネルギーの省力化という実利的な理由による。たとえば精霊信仰に従った葬式を執り行なうには3～7日を要し、祠に祀られた墓に埋葬し、高価な装飾品や食物を供えなければならないが、仏教に従えば火葬と幾らかの供物で事足りるからだという。[Schenk-Sandbergen & Choulamany-Khamphoui 1995: 31]

　サルイ村の寺院建立は、ラオ族の仏教信仰を採り入れて、ラオ化を受け入れ

ることにより、信仰生活が豊かになり、全国的な祭りの輪に加わることができたという安堵感を村人にもたらしたのだろう。これは政府の推し進める国民国家形成の輪にサルイ村を引き入れるのに成功した例であると同時に、村も積極的にラオ化を推し進めて、そのメリットを享受しようとしているともいえよう。

6. 変わりゆく村

　サルイ村では、飲料水は山の水をパイプで各戸に引くようになっている。洗濯、水浴びなどは、川ですませる場合が多い。

　電力の導入に関しては、自治体に打診したことはある。工事費の半額は公費で支払われるが、あとの半額は村で労働力を提供することで賄われる、ということだった。しかし、村に電気を引いたとしても、各戸への工事、電化製品の購入、電力使用料支払いの問題などで、利用世帯がどのくらいになるか不明であり、この問題は保留になっている。このような村の社会基盤建設は、行政が計画的に進めるのではなく、村からの申請を受けてから、検討して、整備に着手することになる。

　標高1350mのサルイ村は、ヴィエンチャンが暑気でむせ返っているときも涼しく快適である。冷蔵庫もない今の生活状態のまま低地に移れば、食べ物の腐敗や病虫害被害という問題にさらされ、マラリヤ、デング熱、下痢などの犠牲になりやすいだろう。また、必ずしも焼畑廃止のために代替地が保障されているわけではない。

　この数年間に、雑貨屋、運送業、テレビ館、風船ゲーム場など商売に励んで、増収を図る人々も増えてきた。市場経済が拡大、浸透することによって、サービス、物に対して現金で支払う必要性は高まる一方であると同時に、都会の快適な暮らしへの渇望も高まり、村から町への人の移動がますます盛んになるだろう。現に、この村では、中年層が田畑に出てしまうと、老人と子供ばかりが目立ち、若者層が空洞化しているのを実感する。かなりの若者が、男女ともにヴィエンチャン、ときにはバンコクまで働きに出ているということだったが、人数はわからなかった。その場合、ラオス語ができないと、仕事を見つけるの

が非常に困難であろう。

　新しいオートバイ、自転車、耕運機が増え、女性の伝統的な巻きスカートも徐々にパンツ姿に取って代わられつつある。ラジカセであろうか、激しいロックのリズムが草葺きの家から流れて、あたりを揺るがす。義務教育の徹底もままならず、電気、水道など基本的生活基盤も不在のままに、消費文明の波がひたひたと村に近づき始め、どっと流れ込む機会を待っている。

　2002年に初めて訪れたとき感じた、あの素朴で牧歌的な村は、どこへ行ったのだろう。豊かになったとは言い難いが、確かに物は多くなり、何か俗塵めいた軽薄な文明だけが安易に入り込み、村の雰囲気を支配し始めたのをひしひしと感じる。勿論、私自身も含めて、既に文明の効率、快適さを享受する先進開発国の者が、喪失した世界をラオスに求めて自らの癒しにしようとする態度には賛成できない。村は、変わらなければならない、しかし、ロックやゲームよりも、もっと基本的な、水道・光熱施設、住居、教育、保健衛生面の向上を先にしてほしいのである。

　2005年10月中旬、ラオスはブン・オークパンサーに湧いていた。雨安居明けを祝う祭りである。雨安居とは雨季に僧侶たちが寺にこもって修行することで、7月中旬に雨安居入りの祭り（ブン・カオパンサー）が行なわれる。僧侶たちはこれより3ヵ月間寺から出ることはなく、この間は結婚式は行なわない慣わしになっている。そのため、オークパンサーの祭りの季節は堰を切ったように次々と結婚式が行なわれるという。家々の門にはろうそくの火が飾られ、寺院やその周辺は屋台が出て賑わい、若者たちはオートバイで駆けつけ、気勢をあげる、というより限られた娯楽の場と機会を存分に楽しもうとするのだろう。

　サルイ村の寺院はほぼ完成に近いようだったが、ところどころコンクリートの生地がむきだしになっているところもあった。数人の村の男たちが、寄付者の中に私たちや友人の名を見つけて読み上げてくれた。

　寺の周辺には、菓子類、おもちゃ、衣服を売る屋台や遊技場が並び、広場には、メリーゴーラウンドまで現れた。なんと、手動式のメリーゴーラウンドである。中心の柱に数人の少女が取り付いて、天蓋を回し、幼い子は板で作ったペンキ塗りの馬にまたがる。

　村にはこれまで食べ物を供する店はなかったが、揚げ菓子を作って売ってい

祭りの日のメリーゴーラウンド

る家が現れた。揚げたての素朴な菓子を頰張りながら、村の人々とそぞろ歩けば、土の匂いのする祭りの喜びが胸に広がる。

　多民族、多文化国家ラオスが、今後どのような社会を創出するのか。都市の一部は急激に変化し、地方はゆるやかに変容するのは確かだが、明確な像は描けない。

第2章　女の支配領域、市場にて

1. 重荷は女性が背負う

　老いも若きも、ラオスの女性は、実によく働く、農作業、家事全般、育児、機織り、商い……。夕闇の迫る道を車に揺られていると、農作業を終えて、大きな荷を背負い、子供たちを車からかばうようにして家路を急ぐ女たちが窓外に現れては消える。ほとんどの女性は、巻きスカートを身にまとい、大きな竹籠を背負っている。籠の中身は、山や畑の収穫物や薪である。太く長い薪は重いことであろう。それを、5、6歳の女の子までもが、身をかがめ、歯を食いしばって背負い、時々よろけながらも懸命に裸足で、でこぼこの道を踏みしめて歩く姿にも出会う。

　中国の広西 壮(チワン)族自治区などで見た田舎の夕暮れのように、家族がそろって、首に鈴をつけた馬や驢馬などの引く車に乗って、シャンシャンと弾むような楽しい響きとともに家路を急ぐ風景があるわけではない。父親が子守りをしながら母親が農作業を終えて田畑から帰るのを待っている姿を見かける時もある。女たちは、こうしてようやく家に帰ると、休む間もなく、急いで水の用意をし、火を焚いて、家族のために夕餉の支度をするのだろう。私は、やるせない思いに駆られる。

　彼女たちは、生産のための労働と並行して、市場での売買で現金収入の道を図り、家族のための食料や日用品を調達する。新しい生活必需品を手に入れるために、どんな村でも加速度的に現金が必要になってきているが、男性が必ずしも大黒柱となって家族を養えるとは限らない。ことに山地の狩猟民族の男性

たちにとっては、現金収入をもたらす仕事の機会はなかなか来ない。

　ラオス女性同盟［Lao Women's Union］が、女性と開発・灌漑部強化再建プロジェクト［Women and Development Activities in SRID. SRID = Strengthening and Restructuring Irrigation Department Project］などと協力して、1995年、灌漑普及事業を実施した4村の実態調査によれば、現金収入の大部分は女性の働きによるものだった。

　たとえば、父系制に従う、あるプータイ族*の村の主な現金収入の道は、女性たちの織る、巻きスカートの裾につける「ティン・シン」と呼ばれる装飾的な織物である。このような村をあげての特産物のない場合は、農産物、特に野菜類、家畜の販売などが収入源となる。そして、詳しい家計調査の結果、現金収入の最大の稼ぎ手は、ラオ族、モン族、カムー族など、民族の相異を超えて、女性であることが明らかにされている［Schenk-Sandbergen & Choulamany-Khamphoui op.cit.］。どの村でも、家計費、灌漑施設への投資などの必要経費は、野菜や家畜の販売、寸暇を惜しんで母と娘が織った織物の販売によって得た現金から支払われている。これらの村では、女性は、現金収入に関しては一家の柱なのだ。

　市場を見回せば、女、女、女の世界であり、男性を見つけるのは難しい。2005年3月、ラックサオ（ボーリカムサイ県）、ヴァンヴィエン（ヴィエンチャン県）、サイソンブーン（サイソンブーン特別区）などを旅したとき、台湾から来た同行の若い男性が、「どこを見ても働いているのは女性ばかり。男性はどこへ行ってしまったのだろう」と嘆息した。それで、私は、ラオス女性の働きに感動しているのは、あながち女性の私ばかりではなく、男性もが抱く感慨なのだと、意を強くした。

　そう言えば、中国でも台湾でも、市場では、男女ともに売り込みの声を張り上げて騒々しく商売をしていたのを思い出す。その風景を見慣れた者に、ラオスの市場の男性不在が奇異に映ったのも不思議ではない。しかし、それだけに、ラオスの市場にはもっとのびやかな、静かな雰囲気が漂っている。

　もっとも、街なかに店を構えて機械類を売ったり、日用品や飲み物などを大量に扱ったりする場合は男性が多いから、ラオスでは、小商いは女の仕事とい

＊　プータイ族はラオ・ルム（低地ラオ人）（39ページ参照）であるラオ・タイ語族の1グループ。ラオ・ルムではラオ族に次いで数が多く、東北タイにも多数居住している。

う観念が強く浸透しているのかもしれない。

　重要な生存のためのバックボーンともなっている「農村の基本原則」は、「女性が産み、育て、養う」という無言の了解である。ラオスで「女性である」ためには、父系制、母系制、民族の差異を超えて、経済力を発揮し、自立的な経済基盤を確保し、家族を養う主体としての「母」であらねばならない。

　仏教は、一部の尼僧の存在を例外として、ひとえに男性の世界だが、来世の救済を求めて修業する僧を養うのもほとんど女性たちだ。自分はどんなに貧しい暮らしをしていようとも、早朝に起きて食べ物を用意し、托鉢という善行を重ねて修行僧に尽くすことによって、女性は自らの救済を願う。

　農業は、たてまえとしては共同で行なうということになっているが、実際には圧倒的に女性の労働が多い。たとえば水田稲作農業の場合、男性は主に田を耕し、畦を固め、苗床を準備し、苗を水田まで運び、収穫後は村に運搬するなど、主に重労働と考えられる作業、車輛の運転の必要な作業を分担し、一方、女性（子供も含めて）は、田植え、草取り、稲刈り、脱穀、精米などを行なうが、多くは腰をかがめた姿勢で長時間働かねばならず、軽い作業とはいえない。

　タバコの栽培にあたっても、耕すのは男性だが、草取り、刈り取りは女性の作業である。また、野菜の栽培と家畜の飼育も女性の分担である。確かに、男性は女性に協力している。女性が畑仕事に出ている間、子供をおぶって村を歩いている男性は珍しくない。しかし、本当に協力するつもりならば、子供を連れて妻と一緒に畑に出て交代で働くということが可能なはずであるが、畑仕事は女性の分担という固定観念から抜け出せないのであろう。耕運機があれば運転して作業をするが、それ以外のこととなると、男性には、女性とともに同じ作業をするのは伝統的な性別役割に反するという抵抗があるようだ。その結果、妻が田畑に出ている間、子守りをしながら留守番をしているということになる。

　とはいえ、私はとかく農村や市場で存在感の薄い男性を怠惰だと一方的に糾弾するわけではない。権威を重んじる男性は、女性には困難な作業や女性の入れぬ聖域、つまり、農作業における力仕事、耕運機や車の運転、狩猟、動物の解体、儀式の遂行などを男の領分と考える。したがって、力、技術、頭脳を要しない仕事は、女、子供の分野ということになろうか。

　80年代半ばから導入された資本主義経済は、ヴィエンチャン市内を中心に

豊かな生活を享受できる新中間階層ともいうべき人々を生み出しているが、都市部から離れた農村には、収入の増える機会はないままに、効率をあげるための物資は流入し、現金の必要度は高くなるばかりである。

　男性が大きく家計に貢献できるのは、男の領分である賃金労働の機会があったときだが、農村では、短期の臨時雇いがせいぜいである。賃金労働の機会は、材木会社やセメント工場が近所に臨時操業をした場合の散発的な雇用しかない。狩猟に力を発揮してきた山岳地方の男性農民は、政府の方針に従って平地に降りて定住すれば、伝統的な男の領分を失うことになる。その分を補うには、女性とともに農作業に力を注ぐか、新しい収入の道を工夫する必要がある。

　農作業、育児、家事の責任を背負いながら、女性は機織りや刺繍に活路を求めるが、工賃は不当に安いようだ。その上、化学染料、化学繊維の安価な既製品の衣類が広く出回るようになると、手織りの布、殊に木綿の普段着に使用するような実用的な布地は需要が落ちたり、価格が下落したりすることが予想される。現にヴィエンチャンあたりでは、若い女性はもちろん、子供たちも伝統的な巻きスカート、シンをはいている姿はまれで、一様に民族色のない服装に変わりつつある。

　タピストリー、ショール、スカーフ、ティン・シンのように精巧な装飾的織物の需要は伸びるとは思うが、特殊な技術や鋭敏な美的感覚が要求されるから、誰にでもできるというわけではない。そして、生産者価格は不当に低い。

2. 市場散策

　ヴィエンチャンには、ラオス版デパートという感じの大規模な市場、タラート・サーオ（朝市）があって、ここに行けば、食料、日用品は勿論のこと、電化製品や、貴金属、宝石類など、一般住民の生活とはかけ離れたようなものまで、何でも揃っている。しかし、その雰囲気は一般に見られるごく普通の市場とあまり変わらないところが、いかにもラオスらしい。

　ラオスでは、第1の都市、ヴィエンチャンにおいてさえ、タラート・サーオを例外として、コンビニもスーパーもデパートもないので、一般の住民の食料、

日用品の購入先は、市場である。ほとんどの町には市場用の広場があって、商品を売る人、買う人で活気を呈しているが、なんといっても目立つのは、女性の活躍する姿である。生存に不可欠な食料品を中心に商って、全国、大小の市場を圧倒的に支配しているのは女たちである。

　女性たちは、野菜、山菜、果物、木の実などを収穫して、市場に運んできて売る。屋台で料理をしたり、揚げ菓子などを作ったりして売る。織物を織って持ってくる。家畜、魚介類、野鳥も並べる。銃で射止めた野生動物や体長70〜80cmはありそうなナマズなどは、夫、息子など家族のなかの男性が得たものか、専門の猟師・漁師から仕入れでもしたのだろう。

　朝、近所の小川で掬ってきたのであろう、小さく切ったバナナの葉の上で、かわいらしい魚、ヤゴ、おたまじゃくし、昆虫、その他、もぞもぞと動いているものたちがいる。これは見本であって、あとは緑の葉にきちんと包み込まれて屋台の上に並んでいる。これも大切な食材なのである。

　果物も豊富である。バナナ、マンゴスティン、レイシ（ライチー）、パパイヤ、ランブータン、ドリアン、ぶどう、巨大なジャックフルーツ、スターフルーツなど。

　もっとも単純な方法としては、その日手に入ったものを、たとえ1つ、1匹でも売りに来る。たとえば、タケネズミ1匹、自転車の荷籠に入れてもってきて、買い手がつくのを待つ。大きなジャックフルーツ1つ、ごろんと台の上に載せて買い手を待つなど。

　以下の写真は、各地で見かけた市場風景である。

第2章 女の支配領域、市場にて

ホアパン県、サムヌアの市場

豆腐を売る：モダンな帽子がよく似合う女性。豆腐作りには、自信がある。両手に抱え込むようにして、満足そうに自前の作品を慈しむ。（サムヌア）

自家製の米粉の麺や野菜を売る。(サムヌア)

ツムギアリの幼虫、卵:山に入って、巣を見つけた幸運に興奮して、掘り出したであろうツムギアリの卵、孵化しかけたもの、幼虫そのもの、全部まとめて売っている。炒めてご飯にかけてよし、オムレツにしてよし、美味で食欲がすすむという話である。あめ色をした獰猛そうなツムギアリに噛まれると、猛烈に痛い。(ラックサオ)

第2章　女の支配領域、市場にて

竹籠に入れた豚を売りながら、刺繍に余念のないモン族の女性。(ラックサオ)

揚げ菓子：沖縄のサーターアンダギーを思わせる、粉を練って揚げた素朴なスナック。豆や果物を入れたものなど、中身は多様、大きな鍋持参で目の前で揚げながら売っていることが多い。(サムヌア)

ジャックフルーツ1つ、いくらかの揚げ菓子を並べて不安そうな少女。(ホアパン県ナムヌン)

ナマズ:バナナの葉に包まれて、口と目の部分だけ覗かせてごろんと屋台に転がったまま通行人を睥睨していた魚は、切り売りを望む客が現れたため、その全身を現した。急に客が集まり始め、内臓、卵なども売れていった。(サムヌア)

第2章　女の支配領域、市場にて　　　　　　　　　　　35

自家製のソーセージや干し肉を売る。（サムヌア）

カノムコック：ラオスやタイでよく見られるおやつ。ココナツミルクと米の粉を水で溶いたものを、たこやきを焼くように、コンロに載せた鍋の穴の中にたらす。それに蓋をかぶせて火の通るのを待つ。火が通ったところで、表面に細かく刻んだ香草を散らし、2つを合わせてボールのような形にする。（ホアパン県ナーヒン村）

筍と山芋：山の幸の種類は豊富である。筍を皮付きのまま火にのせて焼いて、白い柔らかな身に香辛料の効いたたれを付ければ、野趣に富んだ山のご馳走。(サムヌア)

ずらっと並んで、自作の漬物や惣菜を売る。(ナムヌン)

第2章　女の支配領域、市場にて　　　　　　　　　　　　　　37

特産の織物を売る。(ルアンパバーン)

　しかしながら、このような活気あふれる市場が、全国どこにでもゆきわたっているわけではない。統計によれば、ラオスで村内に市場が存在する村は全体の4.7％にすぎない。しかも、地域格差が大きく、都市部では21.4％の村に存在するのに対して、地方部では2.4％にすぎない[Committee for Planning and Cooperation 2004b: 21]。つまり、多くの人々は食糧や日用品の売買のために、市場のある地域まで時間をかけて出向いていかなければならない。山岳地帯に住む少数民族はほとんどの場合、徒歩で行かなければならない。特に雨季には交通が遮断されることが多く、せっかく用意した商品や収穫物が腐敗してしまうことがある。道路、交通機関の整備が何よりも必要なのである。
　以下の章で、市場を支配し、日常のあらゆる労働をこなし、家族を養う大きな戦力となっているラオスの女たちの民族的背景、家族形態、村の生活、教育、文学に描かれたイメージなどについて述べたい。

第3章　民族構成・日常生活

1. 居住地の高低による民族分類

　国名がラオスというからには、ラオ族の国であると誰しも考えるかもしれないが、ラオ族は全人口の50％余を占めるのみで、多くの民族集団を含む多民族国家である。

　ラオスは内陸国で、周囲を延べ4825kmにわたって、中国、ミャンマー、カンボジア、ヴェトナム、タイの5ヵ国に囲まれている。内陸国とはいえ、雄大なメコン川が国土の北から南に流れ、その大部分はタイとの国境を成しており、特に平地に住む人々はメコンの流れとともに生きてきたといえよう。

　歴史的には、この国は常に周辺国の影響を強く受けてきた。クメール、ビルマ、タイ、ヴェトナムなどの侵入や介入を経験し、近代には欧米諸国の介入、支配に翻弄されることになった。近代以降、インドシナではヴェトナムとタイの力が圧倒的に強く、この両国を共産側の旧ソ連・中国とアメリカがそれぞれに利用し支援するという構図が長く続くことになるが、その真ん中にあるラオスを両陣営がたがいに取り込もうと画策した結果、微妙な力の均衡が保たれることになった。ラオスがインドシナ半島の「緩衝国家」と呼ばれる所以でもある。

　面積はおよそ24万km^2、ほぼ日本の本州に匹敵する。行政区は16県、およびヴィエンチャン中央直轄市、サイソンブーン特別区に分けられている。

　現在の国家としてのラオスは、タイの属領となっていたラーンサーン3王国地域（ルアンパバーン、ヴィエンチャン、チャムパーサック）の、1893年のフランスに

よる強引な植民地化によって生まれたとも言える。この歴史的事実がなければ、少なくともメコン川沿いの平野部はタイに、東側の高地部はヴェトナムに吸収されていたであろう。

　ラオスの人口は2003年の国勢調査によれば533.8万人 [男266.4万人、女267.4万人] である [Committee for Planning and Cooperation 2004b: 2]。人口動態の注目すべき特徴は、先進工業国が少子、高齢社会に加速的に向かっているのとは対照的に、非常に若い社会だということである。同統計によれば、全人口のおよそ55％が19歳以下、およそ45％が15歳以下という若さである。同年の出生率4.9が著しく低下しないかぎり、ピラミッド型の人口動態はこのまま推移するものと思われる。

　ラオスは多民族国家で、ラオ族、プータイ族などを含むタイ・カダイ語系民族がおよそ66％を占めるが、政府発表の統計によれば、全体では計49民族よりなる。

　少し前までは、ラオスでは、複雑な民族構成を居住地域の高低によって3グループに分類する方法が広く普及していた。以下に示すような居住地域の高低という判断基準は、大雑把ではあるが、民族分類の複雑な迷路をさまようことを思えば、わかりやすくて便利な分類方法でもある。

(1) ラオ・ルム (低地ラオ人)

　多数民族のラオ族を中心としたラオ・プータイ系諸族を指す。ラオス全人口の2分の1余を占めるとされる低地ラオ人の多くは、メコン川沿岸に住み、ラオスの政治、文化の主流を担い、ラオス語はラオスの国語となっている。地方によって差は見られるものの、共通する特徴としては、高床式住居、水稲栽培、主食はもち米、母系制婚姻制度、女性はシンと呼ばれる巻きスカートを着用、ほとんどが仏教徒であることなどが挙げられる。

　なお、ラオ・ルムの中には、ラオ・プアン、ラオ・ユアン、ルー、タイ・ヌア、および山地に住むタイ系諸族も含まれている。山地タイ系諸族は、黒タイ、赤タイ、白タイなどと呼ばれ、棚田でもち米を栽培し、精霊崇拝をしている場合が多い。

(2) ラオ・トゥン（山腹ラオ人）

　オーストロ・アジア系のモン・クメール諸族で、カムー、ラメット、ロヴェンなどの民族である。歴史的にはラオスの先住民族で、タイ系諸族が北方から移住してきたため、従来住んでいた低地を追われて山腹に逃れた人々の子孫とされる。焼畑で稲、トウモロコシ、タロ芋、タバコなどを栽培する。精霊崇拝を行ない、豊作や健康祈願のために精霊に動物を捧げる儀式が盛んである。彼ら先住民族はかつてラオ族によってひとくくりに「カー（奴隷の意）族」と呼ばれ、侮蔑的に扱われていたとされる一方、地方によっては、宗教儀式などにおいてラオ系の王族と密接な協力体制をとっていたとも言われる。

(3) ラオ・スーン（高地ラオ人）

　ラオス北部の山頂近くに居住するモン族、ヤオ族など、中国南部から移動してきた諸民族を指す。ラオスのモン族は23の氏族に分かれ、通常、1つの村は1つの氏族で構成されているという。ラオ・トゥンと同じく焼畑農業に従事し、従来はケシを栽培して阿片を売っていた。住居は高床式ではなく、地面に直接建てられる。多くは精霊崇拝であるが、華人の影響を受けて祖先崇拝も盛んである一方、道教、仏教、キリスト教の影響も見られる。

　以上のような民族の分類化は、言語ではなく、地理的生活条件に基づいてはいるものの、ラオ・ルムに山地に住むタイ系少数民族が含まれるなど、類似した生活様式も分類条件に含まれる。
　中国の貴州省、雲南省、広西壮族自治区、ヴェトナム、ラオス、タイにわたる高地（1000m以上）に散らばっているモン族の居住地について、かつて梅棹忠夫は、「空中社会」という面白い表現をした。地図上で1000mの等高線以下の土地を消してしまうことによって、モンの社会を空中に浮かぶ島々のように見立てるのである。[梅棹1979a: 235]
　このように、居住地の高低を基準にしたグループ分けに従ってラオスの実際の地図上における民族の分布を考えると、まず北部にラオ・スーンの山頂組の島々が浮かぶ。次に、山頂に近い部分と低地を取り去った部分が、ラオ・トゥンの居住地として浮かぶ。そして、山腹と山頂を取り除いた部分に、ラオ・ル

ムの居住地が、メコン川沿いに見える。実際には、あまりにも大雑把なこの方式にあてはまらない部分も多い。しかし、この想像図によって、この3グループの人口比が、地勢に従って、地方ごと、県ごとにかなり異なる理由がわかる。

　ラオスの諸民族を居住地域の高度によって分類する方法は、この国の民族構成・分布の特徴を示しているが、他にも顕著な特徴が挙げられる。

　まず、どの民族もラオス国内だけに居住しているのではなく、隣接するほかの国々にも分布しているということである。たとえばラオス国内の多数民族であるラオ族は、国境を越えてタイ東北部の人口の大部分を構成している。モン・クメール系諸族はヴェトナム、カンボジアに、モン族やヤオ族などもヴェトナム、タイ北部、中国南部に多く居住している。この事実は、現在の国境が、民族分布を無視した領地争奪戦の中で、政治的・人為的に無理に線引きされたものであることを如実に語っている。

　ラオ族は、ラオスの全人口のおよそ半数を占めるにとどまるが、ほかのタイ系諸族を含めることによって、60％余となる。しかし、数の優位性のみによってラオ族による国家支配を正当化することはできないので、いずれの民族グループにもラオという接頭辞を付して呼ぶことによって、国家への帰属意識を強め、居住地域、信仰、祭祀の相違をカバーして、すべての民族集団をラオス人民民主共和国の国民に統合しようとした政府の意図がみてとれる。もともと、「ラオ」という接頭辞を付けることによって国民統一を図ったのは、1950年代の旧王国政府の知恵だった。この3分類法は、現在もなお根強く国民の意識に根付いているばかりか、研究者やその使用を禁じているはずの行政までもが使用している。[Pholsena 2006: 155,164]

　各民族の伝統的なアイデンティティーを維持しながらも、統一的国民的アイデンティティーを育成しようとする国家の基本姿勢は、ラオスに限ったことではなく、移民国家、多民族国家に共通に見られる政策である。

　たとえば、シンガポールは華人が75％を占めるとはいえ、マレー人、インド人などを含む多民族国家であるが、「シンガポール人」としてのアイデンティティー形成に向けての政府の努力は、かなり成功を収めた例といえよう。

2. 民族・言語学的分類

　居住地の高低に基づいた民族分類は、非常にわかりやすく、広く受け入れられていたので紹介したが、これは政治的な意図のもとに作られた分類で、これではラオスの民族の多様性を把握することはできない。
　ラオス政府は1995年の国勢調査において詳細な調査を行なった結果、国民を民族的・言語学的に49の民族に分類し、さらにそれらを4グループの民族集団に振り分けた。ここまでに至るには、統計局関係者の度重なる折衝、協議、妥協、決断の複雑な経過があったという。80年代の調査では自己申告の民族名は820から850にも及んだことがあるが、その後、200以下に絞り込まれ、それらを整理統合し、ようやく今日の49民族グループが公に決定されたのである。これほどにラオス人各自の民族的出自は複雑であるから、少数民族の間には自らの所属民族名に関して不満が残っていることは当然予想される。
　この分類の結果、ラオ・ルムはタイ・カダイ系、ラオ・トゥンはオーストロ・アジア系と改められ、ラオ・スーンはモン・ヤオ系とシナ・チベット系の2グループに分けられた。
　乾美紀の計算に従えば、ラオ・ルム66.2％、ラオ・トゥン22.9％、ラオ・スーン7.4％、そして、新しく設けられたグループのシナ・チベット系2.7％、以上4つのカテゴリーに属さない者0.8％となる。［乾2004: 60-62］
　ラオス全体の人口に占めるラオ・スーンとしての比率は低いものの、1つの民族集団としてのモン族は総人口の6.9％［315.465人］で、少数民族集団としてはかなり高い比率を占めている［同書:84］。歴史的にも、体制側に対して彼らは度々抵抗運動を繰り広げ、1896年、1918年、1922年にはフランス植民地政府に対して反乱を起こしている。そして、ヴェトナム戦争およびラオス内戦においては、アメリカ軍とラオス王国政府側についたモン族と、共産党側のパート・ラオに徴用されたモン族に二分されて戦い、多くの犠牲者を出した。モン族は、インドシナ近代史の中で最も悲劇的な運命をたどった民族だと言える。
　いずれにしても、複雑多岐にわたる多民族をいくつかのカテゴリーに単純化して分類するのは、困難な作業である。ラオス人の中には、多世代にわたって

の民族間婚姻、特に中国人との婚姻によって生まれた人たちも多く含まれ、今後、バイリンガル、バイカルチャー、バイレーシャルとも呼ぶべき人口は増加していくであろう。

3. 居住地域の分け方

　ラオスの統計は、人々の居住地域を「都市部 (urban)」と「地方部 (rural)」とに分けて計算し、二元論的に分析する場合が多い。しかし、「地方部」という言葉は納得できるが、「都市部」という言葉から工業国の都会のイメージを思い描いたとしたら、かなり実態とはかけ離れることになる。1995年のラオス政府の調査の際には、以下の5項目の条件のうち、少なくとも3条件を満たしていれば、調査対象とされた地域は、「都市部」に含まれ、そうでない場合は、「地方部」に分類された。
　①(村の)世帯数が50以上で、住民は300人以上である。
　②雨季の間も、車でのアクセスが可能である。
　③電力使用可能地域で、70％以上の世帯が電気を使用している。
　④水道の設備があり、70％以上の世帯が水道水を使用している。
　⑤近くに市場がある。
　1995年の調査では、地方部の住民が85％、都市部の住民15％となっている。[*RNHS* 2001]
　なお、ここで「村」というのはラオス語では「バーン」と呼ばれる最小集落単位であるが、実はラオスでは日本の「市」と「町」と「村」に対応する区分がない。「バーン」の集合体が「ムアン」で、「ムアン」が規模によって日本でいう「町」あるいは「市」となる。以下、調査結果統計において「地区」という表現が出てくるが、これが「ムアン」である。したがって都市部における村という表現も出てくるが、日本でいえば「町」だと考えていただきたい。なお、ラオスの行政区分は県－郡－村となるが、「郡」に当たるラオス語も「ムアン」なので、ちょっとややこしい。[ラオス文化研究所 2003:1]
　2003年の調査では、居住地の分類基準が一部変更されて、次のようになっ

ている。
　①(村が)県都所在地の周辺に位置し、100世帯以上、600人以上の住民がいる。
　②年間を通じて、自動車によるアクセスが可能である。
　③70％以上の世帯が水道水を利用している。
　④70％以上の世帯が電力を利用している。
　⑤毎日市場を利用できる。
　これら5条件のうち3条件以上を満たしている地域を「都市部」とする。その結果、2003年の調査では、「都市部」の住民は全人口の26.4％、「地方部」住民は73.6％となった。ただし、首都ヴィエンチャンだけは特別で、住民の82.4％が「都市部」住民と分類され、都会型アメニティーを享受していることがわかる。[Committee for Planning and Cooperation 2004b: 3]

4. 日常生活

　以下に述べる生活実態に関して、採り上げた統計は、"*Report on National Health Survey: Health Status of the People in Lao P.D.R.*"(*RNHS*と略記)に基づいている。これは、厚生省と全国統計局が2000年、ユニセフ、WHOなどの支援と指導を受け、質問項目の検討、作成、面接者の訓練を重ねて、全国的規模で実施した、ラオス歴史上初めての国民健康実態調査の結果である。

　全国的なサンプル調査で、全国を3つの地域——北部、中部、南部——に分け、どの区域からも2200世帯を無作為抽出し、計6600世帯に調査表と面接による調査を行なった。選択されたのは、128地区(ムアン)、264村。各村のおよそ25世帯が無作為抽出された。

　県の分類は以下のようである。

北部：ウドムサイ、ポンサーリー、ルアンナムター、ボーケーオ、ルアンパバーン、サイニャブリー

中央部：ヴィエンチャン中央直轄市(以下ヴィエンチャン市と表記する)、ヴィエンチャン、ボーリカムサイ、サイソンブーン特別区、シエンクアン、カムムアン、ホアパン

南部：サヴァンナケート、サーラヴァン、セーコーン、アッタプー、チャムパーサック

　前述したように、地域によって民族分布はかなりばらつきがあり、北部においては、ラオ族が少なく、カムーを筆頭に多様な民族集団が存在する。中部では、ほぼ70％をラオ族が占め、メコン流域、ヴィエンチャンを中心に政治・経済を支配している。ヴィエンチャン市内の人口のおよそ94％はラオ族によって占められている。南部もラオ族が多いが、国境周辺では多様な民族が存在する。モン族の生活の拠点は、依然として北部山岳地帯が中心であり、南部にはほとんどいない。

(1) 主な収入源

　地方部では自給自足の農業に従事する世帯が大部分であるから、ほとんど現金収入はないか、ほんの僅かにすぎない世帯が含まれる。主な生活の手立てはいうまでもなく農業ではあるが、ここでも居住地域による格差が大きい。都市部における生活資金源は、農業50.7％、給与20％、自営業19.8％、賃金労働5.3％である。それに対して、地方では農業が85.4％と圧倒的で、わずかに給与2.4％、自営業2.4％、家畜2.0％、賃金労働1.6％と続いて、農業以外の選択肢の余地が非常に少ないことがわかる。［RNHS 2001: 19］

　最も重要な生活費を得るための世帯内の主な働き手は誰かという質問に対しては、男性92.7％、女性82.0％、男の子供15.1％、女の子供12.5％となっている。女性の働きについては、北部89.5％、中部76.5％、南部81.8％となっていて、北部の女性の重い労働役割をうかがわせる。

　また、大部分の世帯は、農業など主な収入源となる仕事にできうる限り副業を組み合わせて家計を賄っている。第2に重要な生活資金源は何かという質問には、都市部では、農業38.3％、家畜18.1％、自営業17.8％、給与取得10％、賃金労働8.8％、その他16.4％。地方部では、農業44.2％、家畜28.9％、賃金労働7.8％、自営業7.6％、給与取得2％、その他9.7％となっている。

　2番目に重要な生活資金源を得るための主な働き手は、男性79.3％、女性81.2％、男の子供13.7％、女の子供11.6％であり、依然として女性が、男性に

劣らず、重要な働き手として暮らしを支えていることがわかる。特に北部の女性は、男性82.1％に対して89.0％と高い比率を示している（中部女性78.2％、南部女性76.9％）。[*RNHS* 2001: 19-20]

　以上のように、ラオスでは、人口の80～90％は男性も女性もともに農業に従事することによって生活の資を得ていること、平均して12～15％の子供たちも重要な労働の担い手としての役割を果たしていることがわかる。統計上では、家業を手伝うのは男の子供の方が女の子供を上回ってはいるが、それは第1、第2の生活資金源に対する回答であって、家事、育児、母の現金収入のための仕事の手伝いなど雑多な仕事が多く女の子に課せられているのは観察しても歴然としている。回答者が世帯主である男性であることも考慮する必要がある。この統計調査には、ラオスの村で現実に見かける女性や少女たちの機織りや市場での小規模な商いなどのようなインフォーマルな働きが数字として出てきていない。そういう女性の働きは「その他」の項目に入れられるか、単なる小銭稼ぎとして、省略されてしまう場合もあるのだろう。

(2) 食糧自給率

　ラオスの主食は、米（もち米）であるが、灌漑施設の絶対数の不足から、灌水利用は都市部を中心とする一部だけで、全体としては天水頼りの、自然条件に依拠した農業が主流である。平野部では雨季の水田耕作が中心になるが、北部では71.3％の世帯が雨季を利用して山地・高地で稲作をしている [*RNHS* 2001: 21]。その場合、焼畑での陸稲栽培による米が重要な主食になるが、政府は環境問題上の理由でこれを制限している。しかし、その代替地についての対応が不十分なため、事実上は現在でもかなり広範に焼畑農業が行なわれている。

　一家で米作に励んでも、自然条件その他の要因で家族の食糧不足をきたす場合があり、地域によって異なるものの、全体では27.1％の世帯が米不足であると回答している。自家消費に必要なだけの米を収穫できなかったとした世帯は、都市部12.2％、地方部では34.2％となっている。その解決策としては、何かと交換するという回答が64.4％を占めるが、具体的な内容には言及していない。

　その他、有利子または無利子で金を借りたり、他の農作物や山で採集したものを食べたりするという回答もある。[*RNHS* 2001: 23]

第3章　民族構成・日常生活

焼畑に陸稲を蒔く家族、夫が棒で地面に穴をあけている。（ヴァンヴィエン）

　ヴァンヴィエン地区ヴィエンサイ村の女性同盟指導者の話によれば、旱魃により、深刻な食糧不足に見舞われたことがあった。彼女の家庭では、通常自家消費の11ヵ月分の米を収穫していたが、その年は6ヵ月分の米しか収穫できなかった。それで、水牛を売ったり、米銀行で借りたりした。脱穀米100kgを米銀行で借用すると、返済は未脱穀米200kgを納めなければならないので、かなりの負担となる。彼女の家庭では、米銀行への返却の負担とともに、新しい灌漑施設、水路敷設の費用を負担しなければならず、家畜を売ったり、娘と必死に織物を織って金をつくったという。[Schenk-Sandbergen& Choulamany-Khamphoui op.cit.: 43]

　山岳地帯の少数民族の場合、特に貧困度が高く、調査対象となった90村の65％では、およそ75％以上の食糧を野生動植物の採集によって賄っていると回答している。このような地方では、生活のためと現金の必要に迫られて、村の伝統的不文律としての節度ある捕獲採集の習慣も崩れ、捕獲禁止の指定も無視されて、自然は枯渇し、絶滅種は増加するばかりである。そして、ますます食糧難に苦しむという悪循環から逃れられない。[State Planning Committee 2000: 7]

(3) 家屋・水・電気・燃料など

　家屋については、木造58.3％、竹製26.8％というふうに、天然素材の建築が大多数を占め、次いで、レンガと木材混合が7.8％、レンガ造り6.9％となっていて、ヴィエンチャンなどでよく見かける鉄筋コンクリート家屋は例外的な存在であることがわかる。

　水に関しては、居住地域の差が大きい。水道施設が普及していないため、井戸を作ったり水を引いたりする手段は多様であるが、厚生省は生活水を安全な水と安全でない水の2つに分けて統計結果を示している。安全でない水というのは、何の装置もない井戸、川や池、小川などから自然な状態の水を直接汲んで利用している場合である。安全とされる水を使用している世帯は、全体で52.0％。その内訳は都市部75.5％、地方部37.6％。北部43.0％、中部54.3％、南部58.7％。つまり地方を中心に半数の人口が安全でない水を使用して生活しているわけで、保健衛生に関してはどこに住んでいるかが決定的な要素となる。[*RNHS* 2001: 25]

　川は、家畜にとっては大切な餌場であり、人間にとっては大切な漁場である。川辺の村では、川が生活の場の一部となり、洗濯、水浴びは勿論、洗髪している近くで洗車まで行なわれているが、洗剤の普及とあいまって、水の汚染が急速に広がりつつあるのを感じる。村の飲料水は、山からパイプで引く場合が多いが、必ずしも安全な水とは言えない。

　ヴィエンチャン市の水道水についても、水そのものには問題がないものの、古い水道管を通って家庭に届くまでに汚染されているため、多くの家庭では、ポリタンク入りの飲料水を買って使用する。[菊地 2004: 53]

　トイレについては、国民健康調査では「ラトリン（Latrine）」という言葉が使ってあるのだが、これは英和辞典には「（兵舎、野営地などでの、下水道のない）便所」「臨時の便所」などと書かれている。つまり、下水施設のないトイレということだ。

　ラオスではトイレを「ホーング・ナム」[ホーング＝部屋、ナム＝水]というが、これは水浴びと用便兼用の部屋で、白い陶製の便器で用を足したあと、手桶やホースなどを使って水で流すようになっている。水は水道水、外部からホースで引いたもの、水槽にためてあるものなど、さまざまである。

排泄物処理の方法も、居住地域によって大きな差がある。6449世帯のうち、何らかの施設を設けて処理しているのは37.3％にすぎない（都市部67.1％、地方部19.0％）。地区別に見れば、施設があるのは、北部では45.0％、中部43.9％、南部19.2％となる。つまり排泄処理のない世帯は、北部55％、中部56.1％で半数以上、南部では80％余となる。

　実際、中田友子が調査した南部チャムパーサックのK村では、トイレを設置する習慣はなかったが、数年前に村長が郡の衛生課に交渉して、33世帯の村、全戸にトイレを作った。便器は、各戸1万4000キップで購入、工事費は公費で賄われたという。しかし、そのまわりに囲いを作り、屋根を付けて、実際に使用できるようにしているのは、2戸だけで、あとの家では便器がむきだしになったまま放置されていて、使用している形跡はないという。また、K村の周囲の村には、トイレは存在しないという。[中田2004: 76]

　一方、トイレを使用している世帯の、施設の内訳としては、水洗式トイレは、都市部2.6％（地方部0.1％）、水洗式ラトリンは、都市部54.8％（地方部10.2％）となっている。[*RNHS* 2001: 26]

　公共の電力は、都市部では79.6％の世帯が利用しているが、地方部では20.1％にすぎない。また、電気を使っていないと答えた世帯は、都市部で15.3％あり、地方部では73.8％にのぼっている。電気の使用は、村の財政状態が大いに関係している。前述のK村では、村長が行政に交渉して電気を引くことは許可されたが、費用の30％を村で負担することになり、1戸あたり3万キップの支払いとなった。幸い、この村では、村所有の土地の一部を企業に売ったため、それを費用にあてて電気を引くことができたという。[中田 前掲書: 75]

　しかし、問題は、それからである。個々の家が村に来た電気を利用するためには、各戸に電線を引き、家屋に電気工事を施し、電気器具を買い、定期的に電力料金を支払わなければならない。それが可能である世帯だけが電気を利用するわけであるから、同じ村でも、電気を使う家、使わない家とに分かれる。電柱が立ち、電線が張り巡らされている村であるのに、暖かい明かりのもれる家、寒々と暗い家があるゆえんである。前述したサルイ村も、行政側からは工事費を半額負担するという回答は得たが、住民の電力利用の経費負担が不安なため、村長はこの話を保留にしたままである。村に電気を引く費用の行政負担

戸外に設えた台所。サルイ村。

は、K村では70％、サルイ村では50％と、かなり恣意的に決められているようだ。

調理用の燃料としては、都市部では電力使用が11.8％、炭が23.5％、薪61.2％であるのに対して、地方部では炭使用が4.3％、薪使用が圧倒的に多く94.1％にのぼっている［*RLRHS* 2001: 17］。その薪のほとんどは、女性が山で切り出し、拾い出し、籠に入れて、背負って運んだものであることを強調したい。

以上の生活状況の統計結果から、ラオス人口の8割以上を占める、地方に住む農民の実態が浮かんでこよう。程度の差こそあれ、電気はなく、トイレもなく、料理には山で集めてきた薪をくべ、飲用水は近くの流れを利用する。平和に、長閑に、簡素に、自然とともに生きる、人間の原点に立ち返ったような田舎の生活だと賛美する人もいるかもしない。しかし、私は、それがいかに不平等の産物かということを感じざるを得ない。

(4) 医療施設

出産の項で述べるように、地方部では、ほとんどの分娩は家庭で行なわれ、

乳幼児、妊産婦死亡率は、国際的にも桁違いに多い数字を示している。それは、薬局、診療所、病院などの施設、医師、看護婦、保健婦、薬剤師などの専門家の絶対数が大幅に不足しているためである。また、診療所や病院といっても名ばかりで、設備、スタッフとも必要なレベルには程遠いのが現状である。

都市部で診療所（Health Center）のある村は全体の8.9％、地方部では6.9％にすぎない。医療施設のない村は、基本的な医薬品、応急処置用品などを村の設備として置いているが、それらの備品も、都市部の村の19.9％、地方部の村の43.3％が備えているにすぎない。［Committee for Planning and Cooperation 2004b : 21-22］

診療所へのアクセスは困難な所が多く、もっとも近い診療所でも、北部では33％の村が5〜16kmの地点に位置する。4km以内に診療所のある村は、中部と南部においては、75％、北部では38.4％となっている。［*RNHS* 2001: 43］

たとえ診療所に行けたとしても、医薬品があまりにも少ないか、もしくは皆無ということもある。また、ラオス語を理解できない少数民族の場合、診療所の職員とのコミュニケーションが困難なため、近寄りにくいという声もある。外国からの寄付によって立派な診療所ができたものの、職員が村の住民の言葉を理解できないために互いに疎遠になっているという例もある。［State Planning Committee *op.cit.*: 9］

しかし、病院へのアクセスはもっと困難を極める。病院まで16km以上の距離がある村は、全国平均で36.8％、4〜16kmに位置する村は28.1％、4km未満が35.1％となっている。また、この点でも地域格差が大きく、病院が16km以上離れている村は、北部62.1％、中部26.8％、南部19.0％で、都市部13.0％、地方部46.2％となる。病院がもっとも遠い村については、北部では96km、中部75km、南部50kmの距離があった［*RNHS* 2001: 43-44］。このような遠隔地では、不発弾などによる被害、その他致命的な傷病については、統計、メディアに現れることもなく、多くの悲劇が埋没されていくことだろう。

最近、厚生省は、「病院の患者への応対、治療の質向上のために」、健康保険基金制度の発足を発表した。加入は家族単位ではなく、個人単位で行なわれ、1人当たり月額5000キップを基金に納めると、病院での治療費は基金から支払われる。加入に際しては、年齢制限はなく、脱退するのも自由である。ただし、

村の診療所。サルイ村。

　この制度が適用されるのは、現在のところ、ヴィエンチャンの2地区、ルアンパバーンの1地区のみである［Vientiane Times 2005年12月7日］。病院に容易にアクセスができて、しかも毎月5000キップを拠出可能な者だけがこの制度を利用できるのであるから、最初から国民的な福祉制度になる可能性はない、というより、そのような国民全体を視野に入れた福利厚生のヴィジョンはないのである。

　一方で、山岳地帯の農民は、こう言っている。「もし病気になったら、病院に運ばれるより、村の中で家族や友だちに囲まれて死んだほうがましだ。高い交通費や治療費を払うためには、大事な水牛や牛を売らなきゃならないし」。村から遠く離れて死を迎えた場合、村に帰る費用をどうするかという問題も、彼らの大きな不安である。［State Planning Committee *op.cit.*: 9］

　多民族、多文化国家は、単なる修辞なのだろうか。ヴィエンチャン、ルアンパバーンなどのような都市と辺境の村との格差は、ますます広がるばかりである。

第4章　歴史的背景

　ラオスは、1975年に現在の人民革命党政権が成立するまで10年以上、ヴェトナム戦争に連動して戦乱に明け暮れた。そして、今なお、のどかで平和に見える田園地帯のあちこちで、内戦の犠牲者は絶えない。それは、当時アメリカ軍が、北ベトナムの補給路である「ホーチミン・ルート」（その大部分はラオス国内にあった）の破壊を目的にラオスの国土をほとんど無差別に爆撃した時の不発弾や地雷によるものである。推定800万発は残っているとされる不発弾や地雷は今でも文字通り一触即発の状態で生きている。ここに至る経緯を明らかにするために、ラオスの歴史を概観してみたい。

1. ラーンサーン王国

　現在のラオスの国境は、フランスによって植民地化されたときに線引きされたものであって、それまでの国境は、隣国との力関係によって、かなり流動的であった。「ラオス」という国名もラオス人がつけたわけではない。1899年、当時のラオ族3王国地域（ルアンパバーン、ヴィエンチャン、チャムパーサック）をフランス領インドシナの一部として編入したフランスが、植民地行政上の呼称として、この地域をラオスと名づけた。「ラオ」の、フランス語の複数形である。しかし、ラオス語（ラオ語）では、種族名も国名も言語名も「ラオ」である。
　14世紀後半、それまでインドシナ半島一帯を支配していたクメール帝国に凋落の兆しが見え、タイ族（雲南からタイ、ラオス、ミャンマーに広く分布する民族グループで、現在のタイ人やラオ族もその1つ）のスコータイ王国と北部のランナータ

イ王国も衰退しはじめて、ラオ族発展の条件が整った。クメールの王女と結婚していたラオ族の王子ファー・グムは、義父の支援を受けて、メコン川流域に形成された多くのムアン（小国）を従え、ムアンサワー（現在のルアンパバーン）の都を奪取すると、その王に即位した。そして、周辺の諸ムアンを統一、1353年、ラーンサーン（百万の象）王朝をひらいた。

　18世紀にいたるまでのラーンサーン王朝の歴史は、王座を巡っての権謀術数と血縁どうしの凄惨な闘争の歴史であった。タイ族の一般民衆の間では母系制が普及していたが、支配階級の婚姻は政治的な一夫多妻制であった。そのため、母を異にする王子王女が母親の身分による上下関係を保ちながら存在する上、皇室典範のようなものも存在せず、王位争奪の内紛は、それぞれの支援者の力関係が大いに影響した。その結果、王国分裂、離脱、独立ということが頻繁に起きた。

　1707年には、かつてのラーンサーン王朝は、ラオ族のムアン集合体として、ルアンパバーン王国とヴィエンチャン王国に分裂していたが、続いて1713年にはヴィエンチャン王国からチャムパーサック王国が分離独立した。こうして、3王国は、それぞれ内部の紛争、興亡を繰り返しつつ並立し、強大な中央集権的国家の形成には至らないまま、1779年にはタイの宗主権下に入った。そして、1828年、ヴィエンチャン王国のチャオ・アヌウォンは、タイの支配から脱して、主権回復を試みたが失敗、アヌ王はバンコクで処刑され、ヴィエンチャン王国は滅亡した。

　インドシナ半島が欧米諸国の植民地争奪戦の標的として、政治的、経済的な圧力を受けつつあった19世紀には、これら3王国地域は、すべてタイの保護領、または直轄地のままであった。

2. フランスによる植民地化

　既にヴェトナム、カンボジアの植民地化を進めていたフランスは、独立ムアンとも言うべきシエンクアンがヴェトナムの支配下にあったことを口実にして、強引に3王国地域の植民地化に乗り出し、シャム（現在のタイ。1939年シャムは国名をタイと改めた）のラオスに対する支配権の弱体化を謀った。シエンクアンが

フランス領となったヴェトナムの属国であるから、当然シエンクアンはフランス領に含まれるべきであるというのがフランスの言い分だった。そして、1893年、強引なフランス・シャム条約の締結によりメコン川左岸をフランスの保護領としたのに続いて、さらにシャムとの条約を重ね、現在のラオスとほぼ同じ領域をフランス領インドシナ連邦に編入した。

　フランスはヴィエンチャンを首都と定め、全ラオスを12県に分割し、保護領としたルアンパバーン以外の地域をすべて直轄領とした。そして、ヴィエンチャンにはフランス人理事長官を、各県にはフランス人理事官を派遣し、その下の町、村などの統治は、伝統的な既存の権力者を利用した。また、ルアンパバーンの国王も、王国としてのラオスの体裁を整えるために利用されていたにすぎなかったため、政治上の権力はなく、すべて統治上の実権はヴィエンチャンの理事長官の掌中にあった。

　さらに、フランスは多くのヴェトナム人官吏を登用したが、それはラオスの人材不足を補うと同時に、フランスの植民地政策の特徴としての分割統治のためでもあった。つまり、フランス語を使うエリート・支配階級の社会——ヴェトナム人官吏の社会と、人口の大部分を占めるラオス語その他民族語を話す貧しい一般農民の社会が、互いに交流することなく並存する状態である。

　この分断社会の形成、固定化は、一般住民の教育の普及、国語の普及を困難にし、現在にまでその影響を残すに至っている。

　人口の少ない内陸国ラオスを、フランスは経済発展上有望な国ではないと判断し、経費をかけずにただ植民地として維持していく方針をとった。そのため、ラオスの社会基盤、すなわち、鉄道、道路、保健衛生、教育等はほとんど整備することなく、人頭税、賦役、通行税などは厳しく課した。

3. ラオス独立運動

　1940年、ヨーロッパで第2次世界大戦が勃発、フランスはドイツに降伏したが、その機に乗じて、日本はフランス領インドシナにおける軍隊の駐留を承認させることに成功した。こうして、日仏共同支配体制が確立したのであるが、

内実は、フランスの名目的な主権維持、日本の実質的支配であった。

　1944年10月、フィリピンでの戦いに破れ、連合国軍のインドシナ上陸を危惧した日本は、1945年3月9日、インドシナ全域におけるクーデターの実施に踏み切った。共同支配国であったフランスをインドシナから駆逐し、日本の単独支配を狙ったクーデターであった。ラオスではメコン川岸の諸都市から開始されたクーデターの進展は、不便な交通事情のため大幅に遅れ、王都ルアンパバーンに独立宣言をさせたのは4月8日であった。日本軍支配下における形式的な宣言ではあったものの、ラオスがフランスの支配から脱した5ヵ月余は、次なる民族独立運動への胎動期となった。そして、日本が降伏してラオスに政治的空白が生じると、今まで秘密裡に行なわれていた独立運動が表面化してきた。

　ルアンパバーン王国の副王兼首相、民族主義者として広く知られていたペッサラート殿下は、ラオス独立にむけての具体案を練っていた。彼は、日本軍によってもたらされた独立は有効な既成事実であり、フランスとの保護条約は無効であると宣言、ヴィエンチャン以南をもルアンパバーン王国に併合し、独立ラオス王国とした。

　また、フランスの支配を逃れて東北タイに亡命、秘密組織を作って独立運動を進めていたラオス人も帰国してきた。続いて、ターケークにおいて救国組織を編成し、ヴェトミン*とともに活動を開始していたラオス人も日本軍の去った地方政治の空白を埋めた。ペッサラート殿下、スパーヌヴォン殿下（シーサワン・ワッタナー王の従兄弟にあたる）、プーマ殿下（スパーヌヴォン殿下の異母兄）などが中心となって、フランスのラオス復帰に反対する抗仏団体「ラオ・イサラ（自由ラオス）」が結成され、ラオス臨時人民政府（ラオ・イサラ政府）を樹立し、暫定憲法を採択するなど、ラオスの独立運動は一気に高揚した。

　しかし、ラオス人による初めての独立国家成立ともみえた人民政府は、フランスの執拗な再植民地化工作によって瓦解した。第2次世界大戦が終結すると、フランスは直ちにルアンパバーンのシーサワンヴォン国王に接近し、ラオ・イサラ運動に対抗するように働きかけた。そして、1946年2月、無条件降伏した日本国軍の武装解除にあたるとして、ラオス北部に駐屯していた中国国民党軍

＊　ヴェトミンはヴェトナム独立同盟の略称、1941年、ホー・チ・ミンが中心となって結成した抗仏民族統一戦線組織。

を撤退させるが早いか、近代的兵器を駆使し、圧倒的に強い軍事力で、ラオス再植民地化を実現していった。フランス軍は、メコン川沿いの都市を占領しつつ北上したが、ターケークでこれを迎え撃ったスパーヌヴォン指揮下のラオ・イサラ軍と激しい戦闘を交えた。この時、スパーヌヴォンは負傷、ヴィエンチャンに迫ってきたフランス軍を前に、窮地に追い込まれたラオ・イサラ軍はバンコクに亡命し、ここから自らの戦いの正当性を訴えた。この政治的空白に乗じて、フランス軍は、ヴィエンチャン、ルアンパバーンを占領し、再植民地化を完了した。

　フランスは、王国ラオスの体裁を整えるために、1947年にラオス王国憲法を制定。さらに1949年にはラオス・フランス独立協定を締結した。これによって、ラオスは、フランス連合内での独立を認められたものの、外交権も防衛権もなく、実体のない名目上だけの独立となった。

　しかし、この協定は、バンコクに逃れたラオ・イサラ亡命政府終焉の引き金ともなった。ラオ・イサラ勢力の2人の指導者、スパーヌヴォンとスワンナ・プーマとの間で、上記独立協定の解釈をめぐって決定的な亀裂が生じた。スパーヌヴォンがラオスの実質的な完全独立を目指したのに対して、プーマをはじめ、他のメンバーは、フランス連合内での独立を受け入れることによって亡命政府の目的は達成されたと考える立場をとった。強力な軍事基盤の必要性を痛感したスパーヌヴォンは、ヴェトミンとの共闘によって完全独立の達成を決意して、亡命政府から決別した。

　一方、プーマと他のメンバーはラオスへの帰国を決意。ここにおいて、ラオ・イサラ亡命政府は解散されることになった。なお、ペッサラート殿下は、いずれの陣営にも組せず、そのままバンコクに残った（11年後の1959年に帰国）。

　スパーヌヴォンは、ヴェトナムで、カイソン、ヌーハック等、フランスに対する抵抗勢力を組織していたラオス人と合流し、ヴェトミン軍支配地において、新たに「ネオ・ラオ・イサラ（ラオス自由戦線）」を結成し、抗仏政府の樹立を宣言した。そして、ラオス内での根拠地獲得のため、ゲリラ戦によってサムヌアを制圧。そこを解放区とすることに成功した。サムヌアを根拠地としたネオ・ラオ・イサラは、さらにシエンクアン、ポンサーリーなどヴェトナムと国境を接する地域を解放区に加えていった。

1953年、フランスは、ラオス王国の完全独立を認めるとする「フランス・ラオス連合友好条約」を王国政府との間に締結し、ネオ・ラオ・イサラの懐柔を図った。ヴェトミンとの戦闘を有利に進めるためには、その支配領域が戦略上、必要と考えたからであった。しかし、事態はフランスの思惑通りには運ばず、ヴェトミン軍と結んだネオ・ラオ・イサラの勢力は依然衰えないまま、ディエンビエンフー*陥落の時を迎えるに至った。

　1954年、ジュネーブ会議において、ヴェトナム問題と共に、インドシナ全般の政治問題が討議され、ラオスに関しては王国政府側の参加のみに留まったが、停戦、ラオス領内からの外国軍の撤退、国際監視委員会の設置、国内統一のための総選挙の実施、ポンサーリー、サムヌア2県へのネオ・ラオ・イサラの再結集等が決議された。なお、ジュネーブ会議の協定は、停戦から総選挙までの間、北部2県の統治権をネオ・ラオ・イサラに王国政府が約束するという譲歩を示しながらも、ラオス支配の主体は王国政府であることを前提としていた。

　しかし、ここにおいて、ラオス国内の協定実行という問題では済まされない世界的政治情勢が暗い影を落とし始めた。東西両陣営の対立が、そのままラオス国内の対立の背後を支配し始めたのである。ラオスにおける共産勢力拡大を抑えようとするアメリカは、東南アジア条約機構を発足させ、王国政府への軍事的援助を開始した。そのため、ジュネーブ協定の実行は難航を極め、定められた連合政府が成立したのは、1957年11月、3年5ヵ月後のことだった。これに先立つ1955年、自国の党結成を準備していたラオス人インドシナ共産党員は、ラオス人民党を結成、翌56年、その大衆政治組織として、ネオ・ラオ・ハックサート（ラオス愛国戦線）を設立し、その戦闘部隊をパテート・ラオとした。

4. ラオス内戦

　連立政府成立の翌年行なわれた補欠選挙では、ネオ・ラオ・ハックサートが、アメリカからの莫大な援助を受ける王国政府の腐敗と汚職を争点にして勝利を

＊　ディエンビエンフーはヴェトナム北西部の町で、フランス軍駐屯地であったが、1954年にヴェトミンの攻撃を受けて陥落した。

おさめた。これに危機感を抱いた王国政府内右派は、親米派のプーイ・サナニコーン内閣を成立させるとともに、パテート・ラオ閣僚の逮捕という行動に出たため、両者は再び戦闘状態になった。

その背後には東西両陣営の対立があり、それはますます大きな影響を及ぼした。アメリカは南部右派勢力にさかんに援助資金を送り、王国政府右派の軍隊の維持費はほとんどそれで賄われていた。

1960年8月、王国政府軍のコン・レ将軍が右派政権に対してクーデターを起こし、亡命していたスワンナ・プーマ殿下の組閣を要請して、中立派プーマ内閣が発足した。プーマ連合政府の発足は、アメリカにとってはラオスの左傾化以外のなにものでもなく、アメリカは直ちに対ラオス援助停止によって対抗し、タイもこれに同調して国境封鎖を断行した。このため、王国の経済はたちまち破綻し、困惑したプーマ連合政府はソ連との外交樹立に踏み切り、その援助を要請した。ソ連にしてみれば、突然降ってわいたように、インドシナ進出の道に招かれたのである。歴史的には、米ソ冷戦の代理戦争の舞台となるラオスへのソ連の本格的な登場となった。

しかし、プーマ内閣成立後3ヵ月にして、右派のノサヴァン将軍がコン・レ軍を破り、再び右派政権を成立させるなど、不安定な状況が続いた。一方、北部2県を根拠地としていたパテート・ラオは、依然として王国政府軍との間で激しい戦闘を繰り広げていた。

その結果、1961年から62年にかけて、右派の代表としてチャムパーサックの潜在的王権保持者とされるブン・ウム殿下、王国政府首相中立派のプーマ殿下、パテート・ラオのスパーヌヴォン殿下、この3人のプリンスの間で、停戦の取り決めが行なわれた。こうして第2次連合政府が成立、62年7月、ジュネーブ協定において中立国ラオスの発足が取り決められた。

しかし、その後、中立派要人が暗殺される事件が続発し、第2次連合政府もわずか10ヵ月で崩壊。結局、政治家も軍人も、右派か左派かの陣営に別れて対立することになった。このようなジュネーブ協定の実質的な形骸化は、プーマ内閣のアメリカ軍に対する依存度を加速していった。

ラオスでの戦闘は、「ラオス領土内での外国軍の存在を禁止した」ジュネーブ協定締結状態のもとで行なわれたため、「秘密戦争」とも呼ばれたが、当事者に

は、秘密にするためのそれぞれの理由があった。プーマ首相にとっては、なお中立政府実現に向けて協議する道を確保するために、米軍主導の内戦は秘密裡に行なわれたほうが無難であった。アメリカとしては、ヴェトナム戦争介入に加えてラオス内戦介入をも前面に出して、東南アジアへの関与をこれ以上に世界に印象付けるのは好ましくなかった。北ヴェトナム軍に大きく依存して戦っていたパテート・ラオ軍は、その内実には触れられたくなかった、また、北ヴェトナム軍は、ラオス東部を縦断するホーチミン・ルートを確保するためにラオス内で戦っている事実を否定していた。[Evans op.cit.: 146]

ラオスの内乱は、パテート・ラオがヴェトナム共産党と密接な関係にあったため、ヴェトナム戦争と連動して推移していった。プーマ殿下がイデオロギーの相違を超えて、独立国ラオスの自治政府の理想に燃えて努力した、パテート・ラオをも含む連合政府の成立は、アメリカにとってはラオスの共産化と解釈され、パテート・ラオ支配地域は断固として撃滅すべき存在だった。

では、内戦は、いつから始まったのか。エヴァンズによれば、プーマ殿下の率いる中立派の軍事基地であったジャール平原が右派軍の手に落ちて、中立派政府樹立の理想が葬られた1963年である。第2のラオス首相とも呼ばれたラオス駐在のアメリカ大使が、戦闘の主導権を握り、その規模が拡大すればするほど、王国政府はその存在感を失っていった。

さらに、1964年12月、パテート・ラオが全面的に北ヴェトナムに依存していることを確信したプーマ首相が、米軍判断による北部空爆を認めたことによって、内戦は一挙にエスカレートした。それ以後、戦闘は、王国軍の本来の戦争目的とは離れ、アメリカ軍の共産分子撲滅という大義名分による激しい爆撃のフリープレイとなり、ジャール平原は爆撃の無法地帯と化した。従来、王国軍に通達していた米軍の活動は、それ以後、ほとんど米軍独自の戦闘展開となり、以後10年間にわたって、B-52がパテート・ラオの根拠地である東北部および南部のホーチミン・ルートを爆撃し続けた。[ibid.: 146]

アメリカ軍は、1967年には、モン族を主体とした山岳地帯に住む少数民族を訓練して、1万5000名に及んだとされる特殊部隊を育成し、右派軍として戦闘に投入した。モン族部隊は、北部はバン・パオ将軍、南部はブン・ポン将軍の指揮下にあったが、装備、補給、作戦指揮など実質的にはすべてアメリカ軍

事顧問団の支配下にあった。これら「少数民族部隊」をさらに強化するために、アメリカ軍はタイからの傭兵も多く投入、1973年までにはその数はおよそ1万8000人を数えたという。[*ibid.*: 150]

　ラオス国内は右派とパテート・ラオとに2分され、政治的解決の糸口もないまま、一進一退の激しい戦闘が続いた。パテート・ラオは北ヴェトナム軍の支援を受けながら、村落レベルの解放区を着実に広げていった。しかし、戦闘で多く犠牲になるのは、右派左派それぞれの支配する主要道路周辺の山岳少数民族だった。彼らの村は、時には王国軍側に、時にはパテート・ラオ側に、時には同時にその両方に支配統制され、人々は内戦の確固たる理由も理解しないままに、戦闘を強いられ、爆撃を受けたのである。

　やがて、パテート・ラオは軍事的優位を確保すると、王国政府に対して和平を呼びかけるようになり、ヴェトナム和平会談の進展に伴って、1972年、ラオス和平会談が実現することとなった。

　1973年に爆撃が停止されるまでには、およそ209万2900トンの爆弾がラオスに落とされたが、そのトン数は、第2次世界大戦と太平洋戦争中に米空軍が落とした量に匹敵するとも［菊池1996: 39］、ヴェトナム全土に対する空爆の1.5倍に相当するとも言われる。この世界史上最大の空爆は、実に9年間、24時間にわたって8分おきに飛行機1機搭載分の爆弾がラオスに投下されたことになる。[Schenk-Sandbergen & Choulamany-Khamphoui *op.cit.*: 1]

　同時に、枯葉剤もラオスに散布された。1965年から翌年にかけて20万ガロンの枯葉剤がラオス内を通るホーチミン・ルートに沿って撒かれ、あたりの植物は全滅状態となった。農作物の壊滅ばかりでなく、飲み水、灌水等の給水システムが壊滅状態に陥った。メディアに「黄色い雨」と呼ばれたこの化学物質は、ラオス東部の住民の健康を蝕み、甚大な物的被害をもたらした。

5. 革命：ラオス人民民主共和国の成立

　1973年2月、パテート・ラオと王国政府との間で和平協定が結ばれ、やっと戦闘状態に終止符が打たれたかに見えた。そして、翌年4月に第3次連合政府

が成立した。しかし、同年6月、ヴェトナム情勢と連動して、米軍関係者のラオス引き揚げが完了すると、パテート・ラオは積極的に勢力を拡大し、右派の排除を図りつつ、1975年6月までには、軍事力でもほとんどラオス全土を掌握した。右派勢力は刻々と崩壊に追いやられる一方で、パテート・ラオは新体制確立の準備を着々と進めていた。

中立派の指導者プーマ殿下は、隣国や超大国による支配や同盟を脱したラオスの真の独立を目指したが、冷戦中のどちらの陣営からも信頼を得られず、結局パテート・ラオに屈することになった。

そして、75年12月、王制は廃止され、「ラオス王国」は、「ラオス人民民主共和国」と名称を変え、人民党は人民革命党と名を改め、「革命」の名のもとにパテート・ラオの指導者が全権を掌握し、1党支配の体制を確立して、今日に至っている。

革命政府が樹立されるやいなや、それまでの政界を支配していた著名な人物は、消え去るか、背後に退き、スパーヌヴォン殿下の影に隠れて、誰もその存在を知らなかったカイソン・ポムヴィハーンが人民革命党議長および首相として表舞台に登場した。彼はホアパンの洞窟の中からハノイと連絡をとりながら、パテート・ラオの戦闘指揮をとっていたのである。スパーヌヴォン殿下は王家に生まれた共産主義者という意味でレッド・プリンスとも呼ばれ、アメリカの爆撃を逃れて10年間も洞窟で暮らしたこと、自ら戦闘で負傷したことなどから、パテート・ラオの代表として誰もが一目置く存在だった。新政権樹立後、第1代目大統領に指名されたのはこのパテート・ラオの顔とも言うべきスパーヌヴォンだった。しかし、パテート・ラオを実質的に牛耳っていたのはカイソン・ポムヴィハーンで、その後、スパーヌヴォンは党内での影響力を次第に失っていく。

「革命」後、あらゆるレベルの住民に対して政治教育が開始されたが、その内容は、革命指導者を賛美し、旧支配者を「帝国主義者」「裏切り者」と非難することだった。また、王国政府時代の要人、政治家、軍人、官吏等は「再教育キャンプ」という名の収容所に送られて、自給自足の生活と強制労働を強いられ、そのまま戻らなかった者も少なくなかった。

都市住民の多くは、精神的にも物質的にも耐えがたい共産政権下の生活を捨

てて、ラオスを去った。革命までに徐々に国を出ていった中国人商人やラオス人のエリートの後に、間もなく一般市民が大挙して続いた。こうして、ラオスは、未来の政治・経済・文化の中枢を担うべき多くの貴重な人材を国外に流出させてしまった。それに続いて、新政府の農業政策を不満とする農民の脱出が相次ぎ、1980年までにはラオスの人口の10％が国を出ていったと言われる。

　人民革命党政府の経済政策の柱は農業の集団化だったが、これには２つの目標があった。１つは経済的な目標で、大規模経営によって生産性を上げ、余剰利益を吸収することによって政府歳入の増加を図ることだった。もう１つは、全国の末端に至るまで住民を綿密な組織に組み入れ、その掌握、支配を徹底することだった。ラオス女性同盟（68ページ参照）、ラオス人民革命青年団、ラオス仏教徒同盟などの党を支える翼賛組織の代表が、中央から地方へ、地方から村々へと任命され、毛細血管のように管理の目が張り巡らされ、農民の個人的な抵抗の余地を封じ込めた。

　新政府は、この２つの目標を一体化することによって、農業生産の増収分を歳入とし、同時に全人口を政治的に管理するという経済、政治の二面にわたる支配を狙ったのである。［Evans *op.cit.*: 193］

　しかし、1978年、この大事業に着手するとすぐ、南部は大洪水に見舞われ、深刻な被害を受けたため、農民の抵抗は強かった。カイソン書記長は、自然の災害を乗り切る道は集団農場経営しかないとして、指導者の訓練による経営強化を呼びかけたが、長年にわたる自給自足農業の混乱と壊滅をきたしただけだった。そして、早くも1979年7月、集団農場は生産性を阻害するものであるとして、新規加入、新規設立は中止されることになった。不平等に農地や家畜を収用された怒りと混乱の収拾がつかないままに、多くの農民は土地を捨て、職を変えたり、密かに家畜を処理して国外に逃亡したりした。

　同年12月、オーソドックスな共産主義プログラムの挫折を見て、カイソンは、市場社会主義なるものの導入を宣言し、それまで禁止していた民間の商業活動に対する規制をゆるめた。

　ラオスの経済がもっとも劇的な転回を見せたのは、1988年、世界市場を視野に入れた、カイソンの資本主義経済導入に向けての方向転換であった。そして、1990年までには、ラオスの農村からは集団農場に関するものはいっさい

姿を消してしまった。

　社会主義イデオロギーとその経済政策の失敗による存在理由の希薄化を立て直すかのように、人民革命党は、かつて王制とともに否定した仏教を積極的に支援するようになった。人民革命党のシンボルとして、公的文書、紙幣などに使われていた槌と鎌の図柄は、憲法の制定された1991年、ヴィエンチャンのタート・ルアン*に取って代わられた。革命前のラオスの伝統と文化が再び姿を見せ始めた。仏教と一体化していた王たちの姿もお守り札などに現れはじめ、王族ゆかりのエリートがラオス政治の事実上の支配者だと囁かれるようにもなった。

　しかし、1959年に父王シーサワンヴォンの王位を継承したサワン・ワッタナー王は、1977年、カンポニ王妃、ウォン・サワン皇太子とともに、どこかに連れ去られた。さまざまな証言、憶測を総合すれば、一行は革命の本拠地、ホアパン県ヴィエンサイに連れて行かれ、そこで皇太子は死去。続いて夫妻は同県ソップハオに連れて行かれ、78年から82年の間に劣悪な監禁状態の中で死去した、と推定されている。〔Kremmer 1998: 210-211〕

　王についての公的な言及は、故カイソン書記長（1992年死去）が1989年のパリにおける記者会見で「王は既に死亡した」と答えたのみに留まる。ヴィエンチャンに住む皇太子妃にも、王夫妻および皇太子などの最後については、何の連絡もないままに終わっている。

　ルアンパバーンの王宮は、現在、王宮博物館として王族ゆかりの品々が展示されている。その1室には、サワン・ワッタナー王とカンポニ王妃、彼らの5人の子供たちのポートレートが1枚にまとめられて、展示されていた。どれも若さに輝いている笑顔だった。私が訪れたとき、その部屋は、欧米人の団体客で一杯だったため、私は彼らが出ていくのを入口で待っていた。ラオス人のガイドはその写真の前を去りながら、最後に「王は、殺されたという説もありますが、私は知りません」とはっきり言った。その最後の言葉だけが、妙に鮮明に私の心に残っている。

---

*　タート・ルアンはヴィエンチャン市中心部のなだらかな丘の上に建てられた、高さ45mの黄金色の仏塔。セタティラート王がルアンパバーンからヴィエンチャンに遷都した1566年に建設に着手したと伝えられている。その後、中国からの略奪者に破壊されたが、1930年代から修復作業が行なわれ、現在の姿になった。

旧王国政府要人の追放、中間階層の国外脱出によって、ラオス社会を形成する社会階層は、明確な二極分化を遂げた。革命党独裁支配は容易になり、すべての社会的地位は、国家と官僚に直結することになった。そして、その支配下に、人口の80〜90％を占める農民社会があった。経済政策の失敗と移動の規制は農民の市場取引の機会を奪ったばかりか、これまで以上に伝統的な自給自足経済に押しこめる結果になり、つい最近まで、時間の止まったような国となっていた。

膨大な犠牲を払って遂げられた「革命」は、いったい何だったのか、権力争奪以外に何をもたらしたのか。草原に点々と残る爆撃跡のクレーターを眺めながら、痛憤の思いを噛みしめるのみである。

6. 終わりなき内戦の悲劇

ラオスについてのガイドブックをはじめ、ラオスに関連した書物には、特に内乱時代に戦闘の激しかったシエンクアンの項には、必ず、アメリカ軍が落とした爆弾の容器を住民がさまざまなかたちで生活に利用している写真が載っている。実際、シエンクアン一帯、殊にサムヌアからヴェトナム国境に向かう道を行けば、家の支柱、家畜の餌箱、柵、プランターなどに利用されている古びた爆弾の容器を見ることができる。これらは、アメリカ軍が残していった忌まわしい戦争の残骸であって、できれば目にしたくないものだが、それらをあえて利用している住民の姿は、一種の開き直りの強靭さを感じさせ、「たくましい、したたか」と表現される場合が多い。しかし、やはり、戦禍の傷跡から脱し切れない農民の厳しい現実を見せつけられる思いがする。筆者としては、どんどん溶鉱炉に放り込んで新しい生活用品を生産し、ガイドブックにあるような爆弾容器の使われ方が姿を消してくれることを願う。

しかし、深刻な問題は、容器の利用よりもその中身である。アメリカ軍は、ヴェトナム・ラオス戦争で、膨大なボール爆弾（破片散弾爆弾、クラスター爆弾とも言う）を使用した。炸裂時に、500個とも600個とも言われる、中の子爆弾が広範囲に飛び散って爆発、地上の人間を殺傷する。ボンビー（Bombie）と呼ばれ

る、この小爆弾を中心に、現在も、地中の不発弾の爆発による深刻な被害は絶えない。農作業中に鍬で打ったり、子供がおもちゃを見つけたと勘違いして遊んだりしていると、不意に爆発し、身体障害や死亡に至る。

どれだけの農民が、いわれもなく身体的、精神的苦痛にさいなまれていることか。彼らの搾り出す悲痛な声を聞くべき者は、同じ農民ではなく、都会で快適な生活をしている為政者と爆弾を投下したアメリカ政府のはずであるが、その声はほとんど届いていない。届いたとしても、どの程度耳を傾けているのか疑問である。

開墾中に不発弾に触れて、瞬時に手や足を失った苦痛を農民自身は訴える術を持たない。それを文学のかたちで著したウティン・ブンニャウォンは、ラオスの現状から考えれば、とても勇気のある作家だと思う（後述する短編小説「ジャール平原からの声」）。[Bounyavong 1999: 137-143]

また、内戦の不幸な傷跡は、負傷者を家族に持つ多くの女性たちの運命をも狂わせて、重い人生の苦しみを背負い込ませている。

以下は、シエンクアン県の県都ポーンサヴァンの北方14kmの小さな谷あいの村、ノン・ジャ・マ村（ラオ・トゥン。父系制）の90年代半ばの状況である。

この村の住民は、民族的にはカムー族のサブグループに属する。村には現在も多くの不発弾が放置され、爆発の危険にさらされたままになっている。政府は、不発弾、その他の危険物の除去を2度実施。安全地帯の範囲を決定したが、そのような地帯にも、感知されなかった不発弾は多数残っている。

ノン・ジャ・マ村は22世帯の小さな部落で、ほとんどの家屋は国道9号線に沿っている。村の人口は戦争の傷跡を反映して男性が少なく、女性151人、男性77人で、55％は15歳以下である。1940年頃、水田耕作を目的に高地から移動してきたが、戦乱が激しくなり、安全を脅かされるようになった。そして、1969年、村は爆撃によってほとんど壊滅。住民はヴィエンチャンなどに難を逃れたが、1975年以後、再び帰ってきた。しかし、いつも不発弾に対する恐怖と不安につきまとわれ、土地を深く耕すことができないばかりか、開墾して生産性をあげることもできない。

この村には、爆撃で負傷した夫と7人の子供を抱えながら、農業で生計を立てている52歳の女性がいる。彼女は13歳で結婚、14人の子供を産んだが、そ

のうちの7人は、マラリヤなどの病気にかかったり、爆撃の犠牲になったりして死亡し、現在一番末の子供は4歳である。夫は爆撃によって重傷を負い、現在も砲弾の破片がいくつか体内に残っている。特に胸に残っている破片のために、呼吸するたびに苦痛を伴う。費用を捻出してはヴィエンチャンの病院に相談に行くが、医者は破片の摘出は不可能であるという。夫が労働できないために彼女が農作業を行なうが、田を耕すときは息子が手伝う。土地は0.7ヘクタールで、水は天気のみである。21歳と19歳の息子は失業中で、14歳と12歳の娘は学校に行っている。9歳、6歳、4歳になる3人の息子は、家にいる。この家族全員を農業によって彼女が養い、野菜を売っては僅かな現金収入を得ている。彼女は、せめて政府が夫を戦争犠牲者として認め、生活扶助料を支給してくれることを期待している。［Schenk-Sandbergen & Choulamany-Khamphoui *op.cit.*:67］

　21歳と19歳の息子は失業中というが、この村にいて果たしてどんな仕事が見つかるのか。教育は受けたのだろうか。この村には小学校はあるのだから、下の3人の息子のうち少なくとも上の2人は就学可能であるのに、なぜ家にいるのだろうか。

　男性は、女性以上に、従来の生き方を踏襲することに甘んじてはいられなくなっている。教育、職業訓練の機会も費用もない農村の男性こそ、今後の生き方を真剣に模索しなければならない時代が来たのである。5人の息子たちが、母の働きに依存することなく、自立できる日の来ることを祈るしかない。

　北ヴェトナムから南ヴェトナムへの補給路、ホーチミン・ルートの通っていたサヴァンナケート県への爆撃はことに激しく、今もそのルートを中心に大量の不発弾や爆弾の破片が地中に眠っている。ホーチミン・ルートに近い村の住民は中国製やヴェトナム製の金属探知機を手に、不発弾などを掘り出し、鉄屑としてヴェトナムの業者に売って、現金収入としている。サヴァンナケート県ポーサイ村の例では、爆弾容器の破片は1kgにつき1800キップでフエの業者が引き取っていくという。この危険な作業に伴う事故の犠牲者も多く、政府はこれを禁止しているが、愁うべきは、収入の機会の乏しい農民が危険な金属探しに収入の道を求めねばならない現状である。不発弾処理問題を扱うラオス人は「米国が爆弾を落とし、周辺国の人が買い集め、ラオス人が犠牲になる」と

嘆く。

　2004年には、不発弾の爆発による国内の死者は前年の2倍の66人、負傷者は1.7倍に達する128人を数えた［読売新聞2005年3月5日］。

　報告された過去の事故は、1万1000件に達するが、統計には交通の便の困難な山間部での事故が含まれているかどうか疑問があるため、実際の事故数はそれをかなり上回ると推定されている。そして、ラオスにはまだ不発弾が約800万発残っているとも推定されている［読売新聞2006年3月1日］。しかし、この数も、あくまでも推定であって、それ以上に残っている可能性も高い。

　勿論、不発弾の除去、被災者援助は、多くの国際的資金援助、および技術援助によって行なわれてはいるが、事故は絶えない。農民ばかりでなく、除去にあたった人々まで惨事に巻き込まれる事件も発生している。不発弾の除去にはアメリカも参加しているが、そのアメリカがなぜ戦闘のルールも無視して、遠く離れたラオスの国土に無差別に爆弾の雨を降らせたのか、という怒りを覚える。

7. ラオス女性同盟

　ラオスには、人民革命党と政府を支えるための翼賛体制とも言うべき、全国的規模の大衆組織として、「ラオス建国戦線」、「ラオス女性同盟」、「ラオス人民革命青年団」、「ラオス労働組合連盟」が存在する。

　このうち、女性の生活に直結した活動を行なっている「ラオス女性同盟」は、1955年3月、インドシナ共産党ラオス支部が改組されて、「ラオス人民党」が発足したのに続いて、同年7月、「ラオス愛国婦人会」として設立されたのを母胎としている。1975年12月、ラオス人民民主共和国の設立に伴い、ラオス女性の団結を促し、党の改革路線、国家の防衛、開発に協力させるための女性の全国的組織として「ラオス女性同盟」が発足した。［瀬戸2003: 117］

　ヴィエンチャンに本部を置き、各行政組織に支部が設けられ、活動の企画、運営にあたる女性たちは公務員である。そのメンバーになる条件は、国内・国外を問わず、18歳以上のラオス人女性で、女性同盟の規約に基づいて自発的

に組織の活動に参加する者とされている。

　設立時の動機は日本の第2次世界大戦中に活動した国防婦人会を連想させるが、その活動内容は、内戦、社会主義政権樹立、集団農業の試みとその挫折、資本主義導入など、歴史的変遷を経て、大きく変わってきている。革命直後は、新政権のイデオロギー・キャンペーン、革命戦士の賛美、慰問のために活動し、集団農場の実施にあたっては、農村女性の動員に駆り出されたに違いない。ウティン・ブンニャウォンの短編小説「貢献」(144ページ参照)に出てくるような、国の戦闘時には、兵士への慰問品を用意したのであろう。実際、1年100キップの会費を集め、「軍隊の日」に兵士にプレゼントをするという90年代の報告もある。[Schenk-Sandbergen & Choulamany-Khamphoui *op.cit*.: 75]

　現在は、人民革命党内の唯一の女性組織として、女性の地位の向上、権利、平等の確立を目指した活動を推進する。具体的には、女性の現金収入の機会拡大のために、織物、手工芸品の製作、販売の奨励、売店の経営、融資を目的とした基金の管理、ユニセフの援助による米銀行の共同経営などを行なっている。ラオス女性同盟には、各町村、各民族の女性たちに全国規模でのアクセスを可能にする網の目のような組織を持っている強みがある。しかし、女性の低い識字率、交通の困難、多忙などが原因となって、末端の村での活動の現状には困難な問題の多いことが予想される。

　現在入手できる、ラオス女性の日常生活、保健衛生、家族制度についての統計資料のほとんどは、外国からの援助資金による研究団体、NGOなどとラオス女性同盟との協力によって作成可能になったものである。公的に発表されたその統計が、必ずしも全面的に信憑性があるとは言えないにしても、広域にわたる調査には、全国に網の目のように張り巡らされたラオス女性同盟の草の根的協力の功績が大きい。

　NGOや国際ボランティアが僻村の農民女性にアクセスを持つためには、ラオス女性同盟の組織力に頼る場合が多い。外国のNGOの保健活動、農村開発プロジェクト、生活改善運動、織物指導および販路開拓などの活動は、現地女性とのパイプ役を果たすことのできる、政府公認のラオス女性同盟指導者の積極的な協力によって初めて可能になる。ただし、地域によっては、協力者が村の織物を格安に買い入れて売却し、その利益を活動資金にあてようとして、村

の女性の自立を推進するNGOの目的と矛盾するという問題も起きている。

　村の末端のメンバーは、読み書きができて、活動参加が可能であることが、最低条件になっているが、ヴィエンチャンの本部で直接政府と接触できる高い地位にある女性たちは、さまざまなかたちで政界に関連を持つエリートとの人間関係が重要である。ラオス女性同盟での活動、政府への協力が、この国の女性の公的な場所、政界への唯一のステップでもある。

　ラオスは、国連の「あらゆる形態の女性差別撤廃条約（CEDAW）」に、1981年に署名しているが、2005年になって初めて、政府の手による実施報告書を提出した。ここに至るまで、ラオス女性の低い社会的地位、差別、人権無視に関して、国際NGOなどから糾弾の声が絶えなかった。問題にされたのは、過疎地の女性たちの教育機会の欠如、高い妊産婦・乳幼児の死亡率、人身売買など、貧困と未開発による惨状であった。また、特に山岳地帯に住む少数民族の女性の生活を圧迫するケシ栽培と焼畑禁止に代わる生活手段提供の欠如、社会基盤の整備不足なども指摘されてきた。

　これを受けて、高まるジェンダー意識をアピールするかのように、女性差別撤廃、女性の社会的、経済的地位の向上に向けてのラオス女性同盟の活躍が、「ヴィエンチャン・タイムズ」紙（政府の統制下にある）にしばしば報じられている。

　たとえば「女性差別撤廃条約」の実施キャンペーンの一環として、「女性に対する暴力、子女の売買防止に問題を絞り、ラオス女性同盟主宰の集会が開かれた。500人以上が出席し、青年同盟がこれらの問題に関する寸劇を演じて、観衆の認識強化に努めた」［Vientiane Times 2005年12月14日］

　また、ラオス女性同盟は、オランダ開発機構［Netherland Development Organisation］の支援を受けて、2日間にわたる、「伝統的な性別役割の撤廃にむけて」のワークショップを開催した。女性同盟、産業・工芸省から派遣された「ジェンダー主流化」のエキスパートたちが、「女性の教育機会・専門的技術習得機会の低さ、保健設備の欠如、高い妊産婦・乳幼児死亡率など」を訴えた。また、「ラオスでは、女性は男性より勤勉であるにもかかわらず、生まれつき男性より劣ると見なされ、低い地位に置かれている。統計によれば、産業・工芸、観光に関するビジネスを切り回している女性は、全体の63％にも達している」として、従来の差別的な認識を改めること、ことに過疎地での固定的な考えを改めることを

訴えた。[Vientiane Times 2005年12月9日]

　生存のための労働に明け暮れ、エネルギーを使い果たしている農村女性の現実と、ヴィエンチャンで「ジェンダー主流化」を説くエリートの女性との生活意識の乖離は埋めようもなく大きいかもしれない。人民革命党政権に受け入れられ、高い地位を与えられている女性たちが、底辺の女性たちの問題を真摯に受け止めて、その向上に努力してくれることを期待しよう。

　「ジェンダー主流化、差別撤廃、意識変革」などのような言葉を、都市で何度繰り返してみても、国家が、大規模な、組織的、具体的な社会変革の実施に本気で取り組まなくては、いつまでも空虚な絵空事で、行事のための祭りに終わるのではなかろうか。

　国連の差別撤廃に関する委員会は「ラオスには、自主的な活動を展開する女性の人権擁護組織が存在しないこと」を懸念し、「政府がこのような組織の育つスペースを設けること」を奨励している [Radical Party News Releases 2005]。もし、彼らが、ラオスの歴史、現政府の成立の過程とその体質、現実の国の姿を知っていたならば、このような発言がいかに空虚であるか多少は認識できるであろう。欧米的視点から見て望ましい自主的な民主団体が、ラオスのどこを押したら生まれるというのであろう。民主化を求めて政府を批判した3人の政治家は、弁護士をつけることも許されないまま、14年の刑を宣告された（141ページ参照）。この牧歌的な田園の国では、いたるところで心和む情景に出会うことはできるが、政治的問題に関して草の根的な市民運動を夢想するのは困難である。

　ここは、あくまでも分断社会である。農村の貧困は続く。ヴィエンチャンの官僚やエリートは口当たりの良い空疎な言葉を弄びはするが、一般民衆の惨状には無関心な場合が多い。そして、国際機関は、研究不足と言おうか、既成の欧米的認識、前提の上に立って発言するので、ラオス政府の本質とは相容れぬことが多く、静かに曖昧な微笑を返されるにすぎないだろう。

　ジェンダー問題に関心のある海外からの公式訪問者、公式派遣女性団体の訪問に際しては、ラオス女性同盟が応対し、女性問題のスポークスウーマンとしての役割を務める。しかし、女性同盟の談話や、質問に対する回答は、あくまでも人民革命党の下部組織としての公式的な模範解答であることを理解しておかなければならない。提出された公文書、法律の説明などを鵜呑みにして、帰

国後、それらを字義通りに説明するだけでは問題点にせまれない。

　たとえば、1999年に日本のある社団法人から送り出された10名の女性が1週間余をかけてラオスを回っているが、飛行機で都市から都市を回る旅に終わっている。「研修」と称して、公的機関を訪問して公式談話を鵜呑みにし、「客」として友好を楽しみ、「視察」と称して観光名所を巡り、物珍しさにはしゃぐばかりでなく、もう少し、この国の社会のありようを観察し、考察する時間をとってほしいものである。「スタディー・ツァー」という海外旅行もさかんであるが、本当に現地の人々との交流を進め、真摯にその生活のありようを知る旅であってほしい。

　しかし、ラオスが、困難な問題を抱えながらも、このように平和で、国として統一された時代を迎えたのは初めてであり、ラオス女性同盟という女性団体の活動が女性たちの生活向上に直結した内容になってきたのも歴史上初めてのことである。

　その期待感を反映するかのように、チャムパーサック県の資料によれば、革命戦士時代の夢にしがみつくような世代が占めるラオス建国戦線[*]の予算が1400万キップ（1999～2000年）であったのに対して、女性同盟の予算は1億1400万キップであった。そのうち7000万キップは県から割り当てられ、残りは、NGO、国際組織からの寄付であった。予算だけでなく、事務所、車、バイクなども確保されていた。[Pholsena op.cit.: 212]

　ヴィエンチャンでのジェンダー言説が、貧しい農村地帯の女性たちの救済に直結し、実践されることを期待しよう。実際、多くの試みは進められているのだから。たとえば、最近、村に融資・貯蓄のための基金が配分される以下のようなニュースをよく見かけるようになった。

　　女性同盟は、タイの社会開発省から贈与された710万バーツを基金として、困窮世帯の多い8地区に融資・貯蓄を目的とした信用組合の開設を推進することになった。これは、政府の貧困削減対策の一環として行なわれる第2

---

[*] ラオス建国戦線は1950年に設立された自由ラオス戦線に起源を有する政治的連盟体。ラオス人民の政治・思想面の統一、人民革命党の政策や政府の経済・社会開発計画の実行等を目的とする全国的組織である。[瀬戸　前掲書：115]

次・女性と地域のエムパワーメントの強化プロジェクトである。(Vientiane Times 2005年12月8日；The Nation 2005年12月7日)

　全国的組織力を持つ女性同盟が、現政権の官僚のための、単なる翼賛会に終ることなく、保健・福祉の向上、織物・手工芸品の奨励、販路の拡大整備、米銀行、生活組合的な基金運営、意識改革運動など、言葉の壁を解決しながら、末端の村の女性たちにもゆきわたるような、心のこもった運動を推進することを願ってやまない。

第5章　家族制度・出産

1. ラオスの母系制

　女性は、子供を産み育てる。母乳によって生命を育む、この驚異的な女性の力は何に譬えようもなく不可思議で、神秘的であるからこそ、古代より女性は「生産」のシンボル、守護神とされてきた。女性は、食物の採取、収穫、調理に励むことによって、自らの子供ばかりでなく、人類全体の生存に尽くしてきた。生存のための生産には、「大地」が不可欠である。「母なる大地」を耕し、勤労することによって、女性は「生産」し、人々を「養育」してきた。また、世帯をともにする肉親どうしで助け合う、出産、育児もまた、女性を地域社会、生家に結びつける大きな要因になったはずである。

　このように、「女性」と「土」とは、深くかかわり合いながら、人類史を支えてきたと言える。現代化の波に洗われ、流されつつも、潮の引いたあとに残る干潟の小石のようにラオスに残る母系制婚姻の風習の根源は、この女性と大地との密接なつながりによるものである。

　男性が外界に向かって常に移動し、冒険しようとするのに対して、女性は、自分を産んでくれた母の家、育ててくれた大地を立ち去ることなく、生家に留まり、母がしたように土地を耕し、新しい世代の養育に尽くし、男の停泊地を提供してきた。

　ラオ族の結婚制度は、これを象徴するかのように、伝統的には母系婚姻制度が広く行なわれてきた。東アジアに典型的に見られる、女性が夫の家族の最下位に加えられ、その姓を名乗り、特に男児の出産を通して夫の家系の存続に寄

与することを期待される結婚制度とは対照的である。

　ラオ族が結婚する場合、男性が女性に婚資を贈り、夫が妻の家に移り住み、妻の家族と共に生活するか、隣接した家屋で暮らす。婿入りした夫は、家業を手伝い、妻の家の繁栄に寄与することを一身に期待されながら、妻の家族とうまく折り合いをつけていかねばならず、ここにさまざまな葛藤が生じるのはいうまでもない。

　やがて、妻の妹が結婚すれば、複数の婿が同居することになって、義理の親、兄弟姉妹の間でいっそう事態は複雑にならざるをえない。しかし、姉夫婦はやがて親の家を出て独立し、年老いた両親は末娘夫婦に老後の面倒を見てもらう。つまり、末娘が相続する親の土地・家屋は、親の世話をし、葬式を執り行なう娘に対するお礼とも考えられる。

　星野龍夫によれば、この制度は既に8世紀には存在していたようである。唐時代の記録、冊府元亀(Ce Fu Yuan Gui)によれば、現在のタイ、イサーン地方と思われる文單(Wen Dan)の王と記されているPo Miなる人物が、771年に唐の宮廷を訪れ、皇帝に謁見、11頭の訓練された象を献上したという。彼は25人の同行者とともに国賓として晩餐に招かれたが、皇帝自らPo Miに特別最高地方長官の称号を与えたとされる。ここで、特に注目したいのは、Po Miが、この時、妻を同伴したということである。朝貢の使節が妻を同伴したという例は珍しいが、Po Miの国の実際の領主は彼の妻なる女性であったとも考えられる。イサーン地方にタイ種族が移入する以前から、この地方には母系制家族の風習は存在していたからである。[Hoshino 2002: 57]

　13世紀にいたって、Lavoという国が女人国(Nu Ren Guo)なる国と共同で中国に朝貢したという記録も残っている。また、9世紀以降の記録である、雲南省の公的史書Yunnan Zhiにも、メコン流域における女性の国の存在を述べている。[ibid.: 57-58]

　Po Miの妻が実際の領主であったとすれば、現在も存続するメコン流域ラオ族の母系制婚姻制度は1300年以上の歴史を持つ風習だということになる。

　末娘が両親の家と土地を相続し、彼女の夫は次世代のための一時的な家長とはなるが、晩年にいたって、同じ相続パターンが繰り返される。すなわち、彼の末娘が土地、家屋を相続し、息子たちは家を出て、結婚と富のチャンスを外

に求めなければならない。

　王族の場合、王子たちは新しい天地を求めて旅に出ていく。そして旅先のエリート階級の娘と結婚することによって、地位と財産と人脈を獲得した。その土地その土地の有力者との姻戚関係の広がりが勢力拡大につながるので、当然、一夫多妻制度が普通であった。しかし政権を独占する王や王子、武士などは複数の妻を従えたかもしれないが、一般庶民のレベルでは男性は所詮一時的な支配者であって、土地の実際の所有者、相続者は女性であった。

　母系制社会として有名なスマトラのミナンカバウ族[*]の例が示すように、このような社会の男性は、新たな可能性を求めて旅立つ傾向が強い。より肥沃な土地を求めて移動し、後に妻の土地に帰る場合もあろう。また、商取引による収入が途絶えたり政治的影響力が衰退するなどの理由で、他の土地に幸運を求めて移動したり、他の領土を攻撃、略奪したりする場合もあったようだ。[ibid: 58]

　また、典型的な母系制であるかどうかについては検証の必要があるものの、ボルネオのイバン族は、ことさら放浪（ブジャライ）を好む。焼畑の作業が突き棒で穴をあけ、播種の用意ができた時点で、後は女に任せ、男たちは旅に出て、収穫期まで帰らない。時には、3～4年も戻らないこともあるという。こうして、男たちは、16、7歳から40歳くらいに至るまで放浪の旅を続けるが、その目的は、単なる出稼ぎという言葉では表せない文化的意味があるようだ。[鶴見1994: 288]

　鶴見良行は現代のミナンカバウ族の生活様式についても次のように述べている。内陸盆地に住むミナンカバウ族は早くから灌漑水田やコーヒーなど換金作物の生産をしてきたので、イバン族とは生産様式を異にする。しかし、青年期の一時期を外国に出て過ごし、新しいチャンスを求める「放浪（ブジャライ）」の習慣は健在である。[同書: 289]

　また、ブータン西部の農村パロに住んだ西岡京子によれば、この地方は母系家族制度で、男性が女性の家に移り住むことが結婚であって、特に結婚式というものは行なわない。結婚した娘たちは、それぞれ階を分けて住み、母親に田

---

[*]　インドネシア、スマトラのミナンカバウ族は、家父長制下、男性支配の強力なインドネシアにおいて、顕著な母系制社会を形成してきたことで知られている。[Krier 1995: 51-75]

畑を分けてもらうが、夫には財産はない。それで、家庭内ではある程度女性も実権はあるようだが、社会的地位は男性上位である。[西岡 1978: 86-87]

　男は、外へ外へと、かりそめの人生を漂流し、女は、自らを産み育ててくれた母なる大地に固く結ばれ、そこに留まって稲作に従事して、命を育みながら生きてきた。このような女性と稲作の密接な関係は、タイでは、美しい米の守護神、田の精霊「メー・ポソップ」によって象徴される。この女神は、田に宿る。水田を荒らしたままにしておくと女神は立ち去り、耕作者に災いがふりかかる。米を大切に食べないと、たとえば、地面に捨てたり、こぼしたりすると、その怒りにふれる。怒りにふれた者は後に飢餓と病に苦しむ、と子供たちは躾けられる。

　田に宿る精霊としての女神は、若く、肩掛けで左肩から胸をおおったタイ舞踊の踊り手のような服装をして、右肩を出し、稲の穂を右手に持って、直方体の台の上に座っているが、その台座には、水の流れと稲とともに、蓮の花、蛙、魚など水辺の生き物が描かれる。人間を養う米や水辺の生き物を司るメー・ポソップは、命を産み、養い育てる女性の象徴でもある [Rajadhon 2004: 1-6]。また、命を育むために不可欠の川も「メー・ナム」、文字通り「母なる水」なのである。

2. 日本の母系制

　日本においても、古代は「招婿婚」(または、婿入り婚) が一般的であったとされるが、それについては高群逸枝の『母系制の研究』および『招婿婚の研究』という膨大な書がある。古代の婿入り婚を立証する方法として、高群は、文献によるものと、現存する民間の風習によるものとを挙げている。後者については、中山太郎の『日本婚姻史』を引用し、婚礼の当日、新郎が新婦を迎えるにあたって、親族や媒酌人とともにまず新婦の家に赴く風習や、婚礼の杯をまず新婦が飲んでから婿に渡すのは、婿入り婚で新婦が亭主役を務めた名残であるとしている [高群1966a: 24]。この風習は、本州、琉球、台湾などにおいて行なわれ、母系制の重要な根幹をなしていたのは確実である。

　なお、高群は、その当時は一般的には珍しくなったものの、なお残存する婿

入婚の例についての報告書を引用している。かなり長いものの、あえてこれをそのまま引用したい。[高群 1966a: 25]

　「沖縄県宮古郡の小さい離れ島池間島は殆ど原始日本の生活を思はせる博物館ともいふべき珍しい島で、島の人々の信仰、結婚、葬式など、すべて純粋古代の姿そのまま、殊に結婚は、大和時代の末期まで残ってゐた招婿婚の風俗が完全に残っている。まづ若者達は白羽の矢を立てた娘の家に友人同伴酒を持参して訪れ、両親に結婚を申し込む。そして承認されるともう夫婦で、その夜からすぐ娘の家に寝泊りする。さて式なしの結婚が成立すると、夫はそれ以来毎夜妻の家に通うて寝泊りする。これが所謂招婿婚だ。子供が生まれても妻は夫の家に移らない。しかし子供が沢山出来て相当の年齢になると夫の家に行く。だから娘の多い家は大変だ。一家族の人が二、三十名の大家族になることも珍しくない。夫は収入の半分を妻子の扶養料としてやる」[東京朝日新聞、昭和12年9月4日、源武雄報告]

太古から中古までは、女性を男性の家に招き入れることはなく、必ず男性が女性のもとに通った、その事実は、源氏物語を始め、草子、日記、物語類にも多く記録され、「婿取り」という言葉はあっても、「嫁入り」という言葉は見つからない。[高群 1966a: 26]
　高群の、古文書や戸籍の調査による実証的な研究によれば、招婿婚と呼ばれる母系婚は太古から南北朝にいたるまで支配的な婚姻形態として存続していた。しかし、婿取婚をしても数年後には妻は夫の家に入っていたという通説が存在していた。高群は、これに対して数年を費やした検証の結果、母系共同体の存続は確固たる事実であること、すなわち同居家族は原則的に母系によって構成され、「婿取式後の夫婦は、ぜったいに夫家には帰っていない」と明言している。[高群 1966b: 464]
　なお、母系制婚姻制度に伴う顕著な特徴は、それがしばしば「一夫多妻婚」であったことである。この習俗に対して、高群は、時代背景によって、その意味内容に大きな違いのあることを指摘し、「嫁入婚」を深く内面化したままで、「一夫多妻婚」を考え、女性の卑小化であると解釈するなどの誤謬に陥ること

の危険性を戒めている。たとえば、上代において、大国主命は地方地方の有力者、貴族の娘たちと婚姻の絆を持つが、彼女らは、一国一氏の女君、領主であって、その結合によって国づくりが成就したというわけである。高群は、時代が下ってからの、政略結婚を含む多妻婚に較べれば、上代のそれは、むしろ生産的であると考えている［高群1966a: 27-29］。また、日本上代における国造りのための一夫多妻婚は、後述するラオス王族の権勢拡大のための多妻婚とも類似している。

　しかし、実際の家族形態は母系でありながら、系譜観念としては父系的であった。いな、むしろ、系譜観念は、母系から父系に漸次変わっていったのではなく、最初から父系的であったのが、母系制共同体を駆逐しつつ、ついに父系制系譜と矛盾しない父系制共同体の確立、父系婚すなわち娶嫁婚（嫁取婚）を実現していったと考えられる。［高群 1966c: 1205-1206］

　支配的な婚姻形態としての招婿婚は、鎌倉時代末期に終焉のときを迎えるが、それ以後もさまざまな形でその余波は存在し、新しい制度に影響し、互いに混交しながら残存する場合もあったろう。

　それまで、実情はどうであったにしろ、相互の人格を尊敬しあい、愛情によって結ばれることを原則とした招婿婚に代わって、平安中・末期から鎌倉期にかけての土豪層から、娶嫁婚の風習が広まった。そして、これを室町期の一般庶民家父長層が取り入れて、夫家における嫁入りの儀式が確立された。この時代の過渡期を経て、家父長が表面に出て、嗣子夫婦との同居を原則とした婚姻形態が完結したのが、織豊時代もしくは徳川政権以後とされる。［高群 1966c: 1130-1139］

　この娶嫁婚は、本質的には家父長婚であって、「家」の私有財産の父系相続にある。招婿婚時代には、氏族共有財産制度であるから、家産の相続は、氏人から氏人へ、母から子へというふうに氏産、家領の枠内で、財産主の任意に任されていた。そのため、夫、妻、子がそれぞれ別個の財産主であることも起こりえた。しかし、氏産制、家領制の時代が終焉し、家産制の時代、家父長が全財産を掌握支配するようになると、妻子は、無産者、被扶養者となり、女三界に家なき身に堕する。女性は、家父長の所有物として、物品のように扱われ、内にあって紡織裁縫を努めとする時代になったのである。

3. ラオスにおける母系制の実態

　アジアにおける母系制の起源は何か。それは、土地に依拠する生産共同体としての家の中心が女性であったこと——男性の役割が農作業の要所要所を抑える力仕事をこなしつつも、基本的には外界に出ていく狩猟であったのに対して、女性は日常的な労働を要する農作業を受け持ち、常に土地からの生産に従事していたことに関係があるのではなかろうか。

　村落共同体の単位は、同じ家に住む人々からなる、共同の生産単位、消費単位としての「世帯（家）」である。家族の自給自足の生活を維持するためには、農作業で重要な役割を果たす女性が、自分の家族と住み続けることによって、夫側の義理の家族との葛藤を避けて、労働力を結集することが重要である。とすれば、共同体としての家の存続のためには、母系制婚姻も、土地家屋が母から娘に相続されることも、一族生存のための合理的な方法である。また、度重なる出産に際して、専門の施設も人手も不在であるので、出産に肉親が立会い、妊婦と新生児の世話をすることは、妊婦にとっては心強い限りであろう。こうして育児を助け合うことは村の生存を賭けた知恵とも言えるだろう。しかし、現在は、共同体存続のための共同所有の制度が、次第に個人の私有財産へと力点が移ってきている時期でもある。

　歴史的には、日本女性の地位が土地所有権の喪失とともに低下したという事実があるが、ラオスにおいて現在行なわれつつある男性世帯主を所有者とする土地登録制度の実施によって、女性の従来の慣例的な土地所有権は、漸次消滅するのではないかという懸念が生じている。この新しい事態は、村落共同体の女性の地位、役割にどのような影響を与え、変容を遂げるか（または、遂げないのか）という課題を、今後に残している。

　実際に母系制の婚姻が現在どの程度ゆきわたっているのか——居住地域、民族の違いによって、その程度はかなり異なることが予想される。

　ラオス女性同盟 (Lao Women's Union) ジェンダー情報開発センター（GRID: Gender Resource Information and Development) では、1997年6月から、全国統計局の協力、ノルウェー援助機関NORAD、国連開発プログラムの支援のもとに、

女性の権利平等意識高揚のための重要なステップとして、結婚と家族についての情報収集を行ない、2000年7月、「ラオスにおける結婚と家族（Marriage and Family in the Lao PDR. 以下MFLと略記）」という報告書を作成した。

　この事業を自らパイロット調査と呼ぶように、対象となった地域は限られているとはいえ、女性の結婚、家族、決定権についてのラオスで最初の組織的な調査の実現であったと評価できる。限られた地区の無作為抽出によるものではあるが、農村のおよその実態、傾向を捉えることは可能と考える。

　調査の対象地域は、ヴィエンチャン市内において9地区を選び、各地区よりおよそ5村を無作為選定、各村より30世帯無作為抽出、および、サイニャブリー、シエンクアン、サヴァンナケートの各県において地区、村を無作為抽出、各村より20世帯を抽出した。

　質問票は、村レベルの調査対象として村長に向けた質問、世帯レベルの調査対象として世帯主に向けた質問、世帯内の15歳以上の女性に向けた個人的な質問というふうに、回答者別に3部用意された。

　その結果、上記4地区において、計100村、2399世帯が面接および質問票に答えた。ヴィエンチャンにおいては1199世帯（およそ全体の50％）、他の3地区では各400世帯で計1200世帯となる。

　調査結果は、都市部、地方部に分けて示される場合が多いが、その分類基準は、第1章で述べた1995年時の5条件に従っている。その結果、回答者の居住地域は、都市部は1120世帯（47％）、地方部は1279世帯（53％）となった。1995年の国勢調査では、全人口の17％が都市部に居住、83％が地方部に居住としているので、この調査の対象地域はかなり都市部にかたよっていることがわかる。そのため、残念ながら、少数民族の多く住む北部山岳地方、カンボジアに接する南部地方の情報を知ることができないという難点があるので、限られた条件下の統計として理解する必要がある。

　解答者の民族構成は、ラオ82％、プータイ5％、カムー4％、モン6％、ルー1％、マコーン1％、その他1％となり、ラオ族が圧倒的に多い。

　なお、15歳以上の女性に個人的面接を行なったが、同世帯に複数の女性がいる場合は全員に面接したので、その数は4427人にのぼった。また、少数民族で、同一民族に属する30人以上の女性から回答を得た場合は、その民族の

統計として扱っている。

調査地域が、都市地域が多くなったのと同様に、解答者は圧倒的にラオ族が大半を占める。また、回答者の年齢構成は高齢者が少なく、年齢が若くなるにしたがって次第に増加する典型的なピラミッド型を示しているが、これは2003年の国勢調査と一致するパターンである。

(1) 最初の結婚年齢

最初の平均結婚年齢は、いずれの年齢層においても、女性はおよそ20歳、男性はおよそ25歳という結果になった。そして、この状態は、ここ40年ないしは50年の間、変化していない。

表5-1　地域別・最初の結婚年齢

	都市部	地方部	平　均
男	25.9	23.86	24.80
女	20.06	19.14	19.56

出典: *MFL* 2000: 45.

表5-2　年齢別・最初の結婚年齢

年　齢	人　数	平均結婚年齢 女　性	平均結婚年齢 男　性
15-24（歳）	518	17.36	22.84
25-34	882	19.83	24.67
35-44	785	20.13	25.35
45-54	457	19.58	25.36
55-64	299	19.84	25.06
65-74	179	19.98	24.79
75歳以上	86	21.20	27.15

出典: *MFL* 2000: 45.

諸外国では一般に、女性の教育、社会的、経済的参加の機会が多くなればなるほど結婚年齢は上昇するという傾向があるが、ラオスの社会は女性の生活に

変容をもたらすような動的要因はほとんどなかった、女性の生き方の選択肢を用意できなかった、と理解してよいだろう。そして、かえって若い世代の早婚傾向がうかがわれる。(表5-1、表5-2)

(2) 婚資

ラオ族の伝統的な習慣では、結婚の申し込みは常に男性側から女性側に行なわれ、結婚後の住居は一般的には妻側の家であるが、たとえ夫側の家に住むことになったとしても、それには関わりなく、夫の家族から妻の家族または妻に対して金品を贈る習慣が一般的である。これに対して、妻側の家族もまた布地や家庭用品、時として金銭を贈ることになっているが、これは夫側から贈られた婚資への軽い返礼という意味が込められているので、価値的には低いものでよい。

婚資は、女性が結婚後、夫や時には夫の家族の面倒を見ることへの感謝に基づいた、女性に対する高い信頼と価値観を表すものと考えられている。[Schenk-Sandbergen & Choulamany-Khamphoui *op.cit.*: 36]

ラオスの婚資は、「持参金殺人」という言葉で衝撃的な実態が伝えられるインドのダウリー(持参金)とは全く対照的な習慣である。インドのダウリーの歴史は、カースト制度と並んで古い歴史を持つ。女性は本来価値のない厄介者(物)であるから、ダウリーを付けてでも引き取ってもらう贈答品にすぎないという価値観が支配的である。女性は父親から夫に引き渡される財産にすぎないのであれば、ダウリーの多寡が女性の運命を決定する。以前は主に裕福なヒンズー教徒の家庭の習慣であったのが、今やイスラム教徒、キリスト教徒の間にもゆきわたり、庶民階級や農村部、少数民族までもがこの習慣を採り入れるようになったという[松井1997: 146-152]。ジェンダー意識の高まりが見られる現代になっても、現代に即したダウリーがその存在を主張し、車や電化製品の要求が女性たちの運命を狂わせている。

これとは全く対極にあるラオスの制度であるが、女性同盟の調査の結果、年齢にはほとんど関係なく、およそ85％の女性が婚資を受け取ったと回答している。ただし、シエンクアンにおいては、25年から30年前に結婚したと思われる45歳以上の女性のおよそ78％が婚資を受け取ったと答えている一方、15

〜44歳の年齢層の女性で受け取ったと答えた回答者は60％前後と低い比率を示している。この地方はパテート・ラオの本拠地で、熾烈な内戦を経験した所でもあり、戦闘による混乱、イデオロギーの影響などで習慣の変化が見られるのかもしれない(表5-3)。

表5-3 地区別・婚資についての調査

	ヴィエンチャン 人数　(％)	サイニャブリー 人数　(％)	サヴァンナケート 人数　(％)	シエンクアン 人数　(％)
受け取った	1,402 (89)	421 (84)	550 (93)	351 (65)
受け取らなかった	172 (11)	81 (16)	39 (7)	190 (35)
合　計	1574 (100)	502 (100)	589 (100)	541 (100)

出典:*MFL* 2000: 46.

　中田友子のラオス南部のチャムパーサック県パークセーに近い低地の村に住むモン・クメール系民族のンゲ族の研究・観察によれば、伝統的には、ンゲの人々は、婚資をどちらが贈るかは結婚後の居住をどちらにするかによって決めていた。夫が妻側の家に住む場合は妻側が夫側に払い、逆に妻が夫側の家に住む場合は夫側が妻側に払うことになっていたが、前者の場合の方が後者の場合よりはるかに低額だったという。ところが現在ではラオ式を採り入れて、結婚後の居住がどちらであるかにはかかわらず、常に男性側が女性側に婚資を贈るのが半ば習慣化しているという。

　身近にラオ族との婚姻、ラオ式の結婚をする人々の増加を目の当りにしているうちに、婚資は男性側から女性側に贈られるべきものであるという認識が、特に贈られる側の女性たちの間で内面化し、伝統的なンゲ式の結婚は恥ずかしいと思うようになったという。また婚資の額についてであるが、これは個々の女性たちにつけられた価値であると同時に相手側の価値でもあるから、高価であればあるほど、ライバル意識とプライドの満足度は高くなる。この金額は公表されることになっているので、金額の設定は生涯を決するような真剣勝負の場となるという。

　結婚そのものは当人同士で話し合って決めるが、その後でラオ式の習慣に従って、男性が女性の家に行って結婚の申し込みをする。次に、その結婚をどの

ように執り行なうかについて、それぞれの家に村の長老や親族が集まって話し合い、仲介者が両者の間を往復して取りまとめることになる。

　中田の記録したケースによれば、結婚の意志を固めた男女はともにンゲで、男性は20歳、女性は18歳、それぞれの親族・長老との話し合いで、ラオ式の結婚を採用、婚資は男性側が女性側に払うところまではスムーズに了解しあった。しかし、婚資の実際の金額となると、「まさに両家の間のせめぎ合い」となる。

　長老の説得で、両者の値段の駆け引き、攻防戦が展開されるが、既に相手の男性と合意に達しているため、自信に満ちた女性は強い態度を崩さず、妥協しようとはしない。女性として高い付加価値をつけてほしいし、また相手は高額が支払える高い価値のある男性であってほしいという女性の願いは、家の威信と経済的利益がかかっている親の立場と完全に一致している。婚資の額は結婚申込の話し合いの最も紛糾する問題で、一晩の話し合いでは決着がつかない場合もあり、時には結婚そのものも成立しない場合もあるという。

　この場合、婚資は女性の主張通り、20万キップ（保留分5万キップ）と決まった。

　結婚式は、女性の家で執り行なわれ、婚資は新郎から新婦に手渡されたが、ここで非常に興味深い事例を知った。結婚申し込みの段階で仲介者を務めていた男性が両者の同意事項を記した「契約書」を読み上げるのであるが、その内容は離婚した場合の婚資の返還と慰謝料の支払いに関するものであった。まず、双方が同意の上で別れる場合は、婚資を返す必要も、慰謝料を払う必要もない。女性側が離婚したい場合は婚資15万キップを男性に返した上、さらに慰謝料45万キップを支払う（計60万キップ）。男性側が離婚したい場合は、婚資の3倍にあたる45万キップを慰謝料として支払う（結婚時の15万キップがあるので計60万キップ。婚資の保留分5万キップはこの中に含まれる）。［中田2004: 157-170］

　残念ながら筆者はまだラオスはおろか東南アジアの結婚式に出席したことはなく、経験したのは日本の式だけであるが、新郎・新婦や神父の誓いの言葉の内容はいずれも大同小異、抽象的な愛の誓いである。結婚式で具体的な数字を挙げて契約書を読み上げるというのは、問題を曖昧模糊とした世界に押しやって、ぼかしてしまうことの多い日本人にとっては、かなりのカルチャーショックかもしれない。

(3) 結婚後の住居

　アジアでは圧倒的に父系制婚姻が多く、中国、ヴェトナム、マレーシア、インド、日本などで、女性は長く家父長制の支配下に置かれてきたのとは対照的に、ラオスは、世界でもまれな母系制の国として、現在も、結婚後は夫が妻の家に移り、妻の家族と共に住む場合が多い。この習慣によって、妻は家庭内の比較的高い地位を約束される。家も財産も彼女の母親の持ち物である、つまりは彼女のものになるであろう……という前提が、彼女の家庭内の強い地位を保証するのである。父系制婚姻の場合のように、新しい環境の最底辺に身を置き、夫の家族に仕えて葛藤にさらされることもなく、妻は住み慣れた環境の中で肉親と住み続けて、義理の親兄弟姉妹との軋轢を避けることができる。

　一方、男性は、伴侶を見つけて、彼女の家に迎えられ、義理の家族と住まなければならないので、お互いに心理的葛藤も多いのではなかろうか。ラオ人の言い慣わした言葉に「親の家に婿を連れてくるのは、米倉ができたようなもの」というのがあるが、男は妻の家業を手伝って、家の繁栄に尽くすことが期待されているのである。妻の家督相続権、妻の家族の労働力をバックにした、この婚姻制度は、女性の家庭における高い地位、強い決定権をもたらす制度であるとして、ラオス女性同盟の指導者やヨーロッパの研究者などによって積極的に評価されてきた。

　調査結果を見ても、夫が妻の家に移り住む場合が、ラオ族で58％、プータイ族で52％、ルー族で88％というように、半数以上を占めていて、一般的な習慣であることがわかる。他方、父系制のモン族、マコーン族では91％の妻が夫の家に移っている。

　しかしながら、シエンクアンの調査結果は再び他地区とは異なる特徴を示した。結婚後、夫の家に住んだケースは、モン族89％、カムー族66％、プータイ族84％、ラオ族51％というように、どの民族においても妻が夫の家に移った場合が大半を占めている。［*MFL* 2000: 17］

　地区別の調査については、民族別に行なうのが困難なため、ラオ族についての結果のみ得られたが、都市部より地方において母系制世帯の多いことがわかる。シエンクアンのラオ族の場合、都市部における「その他」が41％を占めているが、戦中、戦後における人口移動の影響と思われる。新規の造成地区の住

宅に住んでいる若い世代は、地方の家族から離れている場合が多いからである。(表5-4)

　過去40年間の変化を調べるために、ラオ族の調査結果を年齢別に並べ替えてみると、基本的には、目立った変容のあとはないように見える。ただ、15〜24歳の女性の間に妻方居住の傾向が強くなり、この制度の健在ぶりを示している。(表5-5)

　ラオ族の間で一般的な妻方居住は、他の民族の間でも普及する傾向にあり、前記のモン・クメール系少数民族の村でも、ラオ式の妻方居住が増加しつつあるという［中田 前掲書: 152］。また、同様の傾向は、ヴァンヴィエンのヴィエンサイ村からの報告にも見られる。［Schenk-Sandbergen & Choulamany-Khamphoui *op.cit.*: 35］

表5-4　地区別・ラオ族の結婚後の住居

	ヴィエンチャン		サイニャブリー		サヴァンナケート		シエンクアン	
	都市部 人数(%)	地方部 人数(%)	都市部 人数(%)	地方部 人数(%)	都市部 人数(%)	地方部 人数(%)	都市部 人数(%)	地方部 人数(%)
夫の家	327 (34)	135 (24)	33 (23)	33 (14)	33 (28)	92 (27)	37 (34)	112 (60)
妻の家	469 (49)	377 (66)	103 (71)	191 (83)	72 (60)	233 (69)	27 (25)	59 (31)
その他	154 (17)	58 (10)	9 (6)	6 (3)	14 (12)	14 (4)	44 (41)	17 (9)
合計	950 (100)	570 (100)	145 (100)	230 (100)	119 (100)	339 (100)	108 (100)	188 (100)

出典: *MFL* 2000: 48-49.

表5-5　年齢別・ラオ族の結婚後の住居

年齢(歳)	夫の家 人数	%	妻の家 人数	%	その他 人数	%	合計 人数	%
15-24	129	31	263	64	22	5	414	100
25-34	223	30	437	59	87	11	747	100
35-44	193	30	350	54	105	16	648	100
45-54	99	28	219	60	45	12	363	100
55-64	87	35	131	52	32	13	250	100
65以上	72	32	131	59	24	11	227	100

出典: *MFL* 2000: 51.

(4) 土地所有権

　農民にとって、土地所有・支配権はもっとも重要な問題である。土地・財産の所有権が女性に許されていない場合には、女性は、夫、父親など男性に依存する程度が高くなり、男性の保護を離れたとたんに生きる手だてを失うということになりかねない。その点で、特にラオ族、プータイ族に普及している母系制婚姻制度は、女性にとって、親の土地相続権、所有権をもたらし、一定の経済的基盤を保障する高いメリットを持つ制度として、4村における女性の生活を調査したサンドベルゲン（Sandbergen）は半ば賞賛している。たしかに、ラオス女性同盟の資料でも、この制度を女性の地位向上のために維持促進していきたいと強く期待していることが読み取れる。

　娘が結婚し、婿が妻の家に移り、その家族とともに暮らし、親の土地・財産が娘に相続されるという習慣には、老いた親は娘夫婦に最後まで世話をしてもらうという前提がある。娘夫婦との同居は、親にとっては、当然、理想的な家族形態として好意的に受け取られる場合が多い。サザエさん一家しかり。筆者の身辺でも、結婚した娘夫婦が、同居しないまでも、親の家の近所に住んで親しく往来し、助け合うパターンが多く見受けられる。

　しかし、ラオ、プータイの間では、必ずしもすべてが女性の末子相続ばかりでなく、比較的土地を多く所有する親は息子にも娘にも与える場合がある。また、娘の夫、夫婦の経済力によって、必ずしも親の土地を相続するのは末子とは限らない場合もあるようだ。

　婚姻制度、相続制度については、民族、地域によってその実態にはかなりの相違があるようだが、掘り下げた研究がなされてきたわけではない。土地所有は、周囲の住民が伝統的に黙認しあってきた既成事実という面もあって、必ずしもすべてが公的な書類に記載されたものでもなかった。しかし、そういう状況の中で、政府は1990年、それまで存在しなかった、所有地への課税制度を決定。実施を開始するに伴って、農地の区画整理、配分、登録の作業に着手した。土地は国有であるが、耕作者は使用権を与えられているという基本的前提に立っての納税組織の整備が目的である。

　この国を挙げての「検地」に関して、当事者からではなく女性同盟指導者からの声として、重要なジェンダー問題が浮上してきた。ボーリカムサイ県とシ

エンクアン県における1994年の調査報告によれば、妻が親から相続した土地も夫の名前で登録されているというのだった。さらに、1997年のヴィエンチャン市、ヴィエンチャン県、ルアンパバーン、サヴァンナケート、チャムパーサックにおける「土地所有権記載計画」による調査では、慣例的な土地所有者には関係なく、大部分は夫の名前のみが記載されていると報告された。[MFL 2000: 30-31]

女性は農作業の多くを負担しているにもかかわらず、公的な場に出ることや役人との接触は世帯主の男性の役割という意識が強いため、土地登記が事実通りに記載されているかどうかを確かめることもなく、今までの習慣に従って、役所関係のことはすべて夫に任せてのことであろう。

妻が親から相続した土地、または夫と共同で取得した土地が、夫のみの名義になった場合、その土地に対して妻は所有権を失い、夫は自由に、その土地の売却、移譲が可能になる。その事実をはっきり認識しないままに、この土地所有者記載事業が進行しつつあることが、女性の権利問題の焦点となったのである。

今回の調査でも女性の土地所有権喪失に関する懸念を裏づけするような結果を示している。質問の内容は、次のような3点であった。

①世帯内で所有する土地の区画数
②それぞれの土地の出所
③土地登録に記載された所有者名

(解答者2399世帯のうち、土地を所有する世帯は1968〈85%〉、土地の総区画数4255、1世帯につき平均2.1区画)

土地の出所については、妻の家族からの相続が30%、夫の家族からが18%、共同で取得した土地(購入、政府による割り当て、開拓など)が52%であった。そして、登録後の名義人は、夫が58%、妻が16%、共同が7%となっている。

地区別の調査結果によれば、全体的に妻の家族から相続した土地も、共同で獲得した土地も、夫名義になっている場合が多い。特にサイニャブリー県では

80％、サヴァンナケート県では65％の土地が夫名義となり、妻名義または共同所有とした比率は非常に低くなっている。(表5-6)

表5-6 地区別・土地の出所と記載名の比較 (%)

	ヴィエンチャン 1781区画		サイニャブリー 894区画		サヴァンナケート 849区画		シエンクアン 731区画	
	出所	名義人	出所	名義人	出所	名義人	出所	名義人
夫	17	52	13	80	26	65	22	38
妻	32	22	23	7	44	23	15	5
共同	51	11	64	6	30	3	63	2
その他		11		3		9		1
未記載		4		4				54

出典：*MFL* 2000: 56-57.

　民族別の統計によれば、母系制度の傾向が強いラオ、プータイでは、妻の家族から相続した土地がそれぞれ32％、40％と比較的高い比率を示している。

　モン、カムーなどは、伝統的に焼畑農業に従事し、土地を移動するため、土地の個人所有、相続制度は一般的ではなかった。今回の解答者となったモン、カムー族の土地は80％以上が共同所有となっているが、これは、彼らの焼畑農業を廃止させ、定住を促進するために、政府が配分した土地であると考えられる。また、伝統的には個人所有、相続制度は一般的ではないとはいえ、解答者であるモン族の199区画の土地のうち、相続した土地が22区画あり、そのうちの20区画は夫の家族から相続していた。

　カムー族は、全体の16％にあたる30区画が相続した土地で、夫の家族からが19区画、妻の家族からが11区画となっていた。マコーン族の世帯は、42区画のうち38区画は夫の家族から相続した土地であった。[*MFL* 2000: 33]

　この土地所有に関する調査は、政府の登録事業が緒について2年目のことであり、解答者の土地は必ずしも新しく登記されているわけではない。そのため、土地課税金の領収書、政府の土地配分記録、旧政権の証明書、所有地調査記録、土地譲渡証明書などに記載された名を、土地名義人とみなして計算している。

　調査結果を概観すると、ラオスは母系制家族制度の国であると言い切ってしまえない複雑さがある。それは、他の習慣、文化についても言えることであっ

て、多民族国家の複雑さ、多様性、困難さを感じさせる。各民族の特徴ある文化を維持し、その上で国民統合を図るという、多くの矛盾をはらんだ難しい大事業を抱えた広大な村が、ラオスなのである。

(5) 家庭内の決定権

　母系制婚姻制度が、家庭内の女性の地位、決定権に影響を及ぼしているか否か。それを調査して数値で表すのは、困難というよりも、不可能に近いかもしれない。とにかく、次のような5項目の質問が用意され、世帯主が答えた。つまり回答はほとんど男性からのものと考えられる。

　質問項目：日常の生活費の使い方
　　　　　　投資（農具、肥料、灌漑設備、水牛など）
　　　　　　家の建築
　　　　　　土地の購入
　　　　　　子供の就学

　女性の決定権が圧倒的に強いのは、日常生活のための費用に関する問題で、妻が決定すると回答した世帯は57％を占めている。家族のための食物、日用品、衣服などのやりくり、購入に関しては、女性の役割として大部分を任されている一方、家の建築をはじめ、投資、土地購入など金額の多い出費・取り引きは、男の仕事という役割意識が強いことがうかがわれる。(表5-7)

表5-7　家庭内決定者についての調査（％）

決定事項（解答世帯数）	夫	妻	共同
日常の生活費　　(2399)	19	57	24
投資　　　　　　(852)	32	19	49
家の建築　　　　(2108)	38	8	54
土地の購入　　　(1118)	25	8	67
子供の就学　　　(2194)	25	12	63

出典：*MFL* 2000: 36.

　民族別の調査結果によれば、女性の支配領域に見える日常の生活費について

も、妻が決定者と答えた比率の高いのは、ラオ62％、プータイ41％、カムー39％などで、他は、夫または共同決定となっている上、マコーン族は圧倒的に夫が決定権を握っている。(表5-8)

表5-8　民族別・日常の生活費決定者（民族別）

民族グループ　（解答世帯数）	夫(%)	妻(%)	共同(%)
ラオ　　　　　　(1967)	15	62	23
プータイ　　　　 (115)	36	41	23
カムー　　　　　　(95)	24	39	37
モン　　　　　　 (144)	42	29	29
ルー　　　　　　　(23)	57	13	30
マコーン　　　　　(20)	85	5	10
その他　　　　　　(35)	23	57	20

出典：*MFL* 2000: 64.

　他の項目については、妻の決定権は非常に弱く、夫もしくは共同決定という回答比率に偏っているのがわかる。その共同決定の内容であるが、比重がどちらにかかっての決定か、判断基準が曖昧で客観性に欠けるが、夫主導の決定である可能性は高い。

　以上の調査の問題点は、第1に女性同盟の比較的アクセスが容易な地区に限られていること、つまり回答者の半数以上が、ラオス語を日常語とするヴィエンチャン市内在住者に占められていることである。交通事情、言語の点で、都市部の調査は比較的実施しやすいかもしれないが、それを全ラオスの国情を伝える結果と解釈することは問題があろう。別項で紹介する健康調査の結果が示すように、都市近郊と地方農山村における住居、教育、医療、現金収入の手段など、最も基本的社会的、経済的条件の格差は、あまりにも大きい。

　第2の問題は、ラオスが多民族国家であることから生ずる調査の困難である。ヴィエンチャン市の住民は圧倒的にラオ族が多い。国勢調査ではラオ族人口は全人口の52.2％という背景に対して、今回の調査では対象の82％がラオ族の世帯であった。そのため、女性を取り巻く結婚、家族、権利、地位などについてラオスの全体像を把握するには、国レベルの居住地域、民族別に分割した調査が必要であるが、それは困難を極めることだろう。しかし、今回の調査結果

から、母系制度、土地所有などついての実態をある程度把握したことは、女性問題の今後の対策などについての大きな指針となるであろう。

4. 母系制のゆくえ

　母系制は、女性たちの強い味方として、女性同盟も高く評価しているが、その伝統の陰にはさまざまな問題も内在している。

　男性は結婚相手と富を求めて生家を出ていくが、結婚後妻の家族に加わった場合、家の中では経済的な主権者とみなされない。しかし、公的分野では、世帯主としての権威を夫が行使し、儀式や行事の計画、実施にあたっては、主体的な役割を果たして、女性を容れない優越的地位を占める。それは、ヴィエンチャン県ヴィエンサイ村の灌水利用者会議に女性の参加を認めないしきたりにも見られる。村の灌水利用者組織は、政府支援の灌漑設備建設推進にあわせてNGOの訓練を受けて設立されたが、原則として、夫が出席できない場合の代理出席、または女性が世帯主の場合以外、女性の参加は認められない。組織の代表は、その理由を「まず、それが伝統であるから、次に女性は教育レベルが低いから」と答えている［Schenk-Sandbergen & Choulamany-Khamphoui *op.cit.*: 47］。村の灌漑施設建設のための資金、労働に関して、女性は男性以上に貢献しているにもかかわらずにである。

　土地の名義人についても、誰から相続されたかには関係なく、夫も役所の係もごく自然に夫名義にするのであろう。土地は「家」のものであって、個人の所有ではない。公的書類に記載する必要が生じたときは、公的分野における「家」の代表である夫の名前が記され、権威としての男性の役割を果たす。そして、その土地は公的には夫個人の所有となる。

　妻が親から相続した土地は妻が所有者であるから妻名義にするべきだ、という考えは、ラオスの農民社会にとって、土地登録そのものが新しいのと同様に、新しい考えなのであろう。女性同盟をはじめNGOなどの唱える「個人の権利」という考えは、伝統的な村社会という共同体思考とは相容れない価値観である。今後、農村女性がこの問題にどう対応していくのか、村社会の変化とともに見

守っていきたい問題である。

　古くから人気のある物語の貴公子や英雄の妻探索の旅は、義父との対決が大きなテーマとなり、権謀術策、猜疑、嫉妬が入り乱れて、スリルあふれる冒険物語になる。しかし、農民社会では、妻の家に入った夫は、日常のこまごました出来事に関連して、妻の親、兄弟姉妹、妻の姉妹の夫などとの間に、争い、心理的葛藤、緊張などを経験せずにはいられない。男性は、結婚に先立って、妻の家族への婚資の一部として、一定期間、妻となる女性の家で働く習慣もあったようだ。この期間も含めて、当然、義父は一番権威ある存在として、夫に服従と奉仕の態度を求めてくる。これは、夫の家に入った妻が義母に対して経験する悩みとあい通じるものである。

　タイ東北部のイサーン地方には、そのような夫と義父母、妻と義父母にまつわるユーモラスな民話が語り継がれてきた。しかし、妻と義父、夫と義母に関する物語には、争い、憎しみの要素はほとんどないという。以下、2つの物語を紹介したい。

【その1】妻の家に住む新婚の夫は、箕を編むのに随分苦労をしていた。これは、竹や藤などの皮を編んで作り、穀物を入れて両手で揺すっては、穀物から籾殻やごみなどを取り除くために使う農具である。いくら努力してみても、いっこうにはかどらないが、恥ずかしさと口惜しさが先立って、義母に教えを乞うこともできない。義母は、この様子を見て見ぬふりをしながら、婿に恥をかかせることなく窮境から救いだす方法を思いついた。彼女は、ヴェランダに乾した米をついばむニワトリを追いながらこう繰り返した。「行け行け鶏よ、5歩跳んで、下に2つ、上に2つ行って下に4つ」。これを聞いて婿は、編み方の順序を会得したという。[Klausner 2000: 79]

【その2】妻の家に住む新婚の夫はひどい怠け者だったが、自分は賢いと信じていた。義父は婿にニワトリの囲い籠を竹で編むことを教えようとしたが、完成したと思ったとき、自分を中に閉じ込めたまま編んでしまったことに気が付いた（囲い籠には底がないので、これは思い違い）。通りかかった少年に助けを乞うと、「どこか持ち上げて這い出ればいいのに」と嘲笑された。この出来

事以来、夫は義父の愚かさを軽蔑していた。

　2、3日後、2人は壁の修理に使う木の葉を山に取りに行ったが、婿は籠の中の木の葉にもぐって隠れていて仕事はしなかった。義父は、帰る時間になっても婿の姿が見えないので、重い籠を背負って苦労して家に帰った。すると、籠の中から婿が這い出してきたので、腹を立て、仕返しをしようと思った。

　2、3日後、再び2人で木の葉を取りに山に行ったとき、義父は籠の中に隠れて、婿が背負って帰るのを期待した。その手には乗らず、婿は、籠に蓋をして、固く結わえつけ、川の土手の端に置いた。そして、「象がやってきます。土手に籠を置いた人はすぐにどかして下さい」と叫んだ。これを聞いて、義父はあわてて籠から出ようともがくうちに、籠ごと川に落ちて、溺死してしまった。

　1人で家に帰った夫に、妻が父親のことを尋ねると、夫はたぶん山で道に迷ったのだろうと答えた。[*ibid.*: 78-79]

　結婚当初、夫は妻方の家に入って懸命に働くので、夫婦が独立して家を出たあとは、その代償として妻により重い労働を課すようになるともいう。これでは、まるで報復である。[State Planning Committee *op.cit.*: 10]
　王国のプリンセスを妻にした貴公子と、その義父との闘争物語「チャクチャクワンワン」は、現在もタイのテレビでは人気の高い番組であるという。シリーズの英雄物語では、ヒーローは新しい物語ごとに新しい妻を得て、義父と戦う。視聴者は、それぞれの立場から登場人物に共感したり、応援したりして、この番組は一種の心理的安全弁の役割を果たしている。夫は自分をヒーローになぞらえ、主人公が義父に対して感情を爆発させ、戦い、勝利することで、自分の思いを代弁してもらう。義父は、娘がヒーローのもとに去っていくのを見る父親の悲哀と怒りに対して深い共感を抱く。
　ラオスの母系制が存続してきた要因として、筆者の仮説をまとめれば、第1には、土に生きる稲作農民の生き残り作戦である。大家族を擁する世帯（家）として家産を所有し、生産の担い手である女性から女性に引き継ぐことによって、一族共同体の生存、つまりは村の平和と安定は守られる。第2には、女性たちの相互扶助ネットワークの形成である。施設もなく、専門家もいない、孤

立した村での、出産、育児、親の介護は、血縁につながれる女性たちの手によって行なわれてきた。そして、現代も行なわれている。

また、かつて日本で母系制婚姻が行なわれていた時代においても、系譜観念は最初から父系制であった。この点は、ラオスの男性が、婚姻制度にかかわりなく、権威の座、公的分野での役割を当然のこととして担う事実と考え合わせると、興味深い。

妻方居住は今もなおラオ式結婚の特徴として、人気が高く、他民族もこれに倣う傾向にあるようだ。しかし、一般の人々の感想を聞くと、プラス面ばかりではない。妻方居住のマイナス点は次のようなことである。

第1点は、共同体所有より個人的所有観念が強まり、兄弟姉妹の間で土地の所有権をめぐって争いが生じ、家族間の確執が深くなるという問題である。夫が妻方の土地を売り払って行方不明になった事件もあったという。

第2点は、男性が権威の座に安住して生産を女性に任せるという伝統的な生き方が、めまぐるしい社会の変化に対応できなくなったことである。従来は、妻の家に入って、とりあえずは生活していかれる段階で満足してしまう例が多かったようである。この点について、「母系制が男の勤労意欲を奪った」と言い切るラオス人もいたほどである。

しかし、この問題は男性の怠惰のみに帰する問題ではなく、従来の村社会のあり方が現実に合わなくなってきたということであろう。妻方の家族に加わることによって、従来の自給自足の生活は確保できるとしても、ますます肥大する消費経済や子弟の教育の必要などに対応するのは困難である。男性は今農業経営の改革、脱農業への模索を迫られている。若い世代の移動労働も増加するであろう。その場合、夫も妻も村へ帰ることなく、新しい土地で結婚し、共に家庭を作るケースが増えていくことが予想される。

5. 出産

ラオスは、カンボジアと並んで、アジアではもっとも出生率の高い国である。その主な原因としては、出産を主体的に決定できる知識、情報、施設などの欠

如が挙げられる。その背景にあるのは何よりも貧困であるが、子沢山を逆手にとって、児童労働を利用してきたという事実もある。

2000年の出産に関する調査、*Report of the Lao Reproductive Health Survey 2000*（RLRHS）は、調査区域16県1中央直轄市および1特別区の720村で行なわれた。調査対象の延べ世帯数は2万1061、解答者は、15～49歳の女性1万2759人、およびその夫である15～59歳の男性3060人で、すべて面接によって実施された。前記の5条件によって分類された回答者の居住地域は、都市部18.8％、地方部81.2％であり、ほぼ全国的な区分に近い結果になっている。

政府は、80年代後半から本格的になった市場経済導入以来、農村から都市に向けての若い世代の移動が加速的に増加し、都市部における人口過密、農村の過疎化の問題が大きくなる可能性を予測している。そのため、1999年に採択された「全国人口と開発に関する政策」は、その目的を「国民が自らの社会的・経済的条件を考慮に入れて、子供の数、出産の間隔を決定し、生活水準の向上を図ることを可能にする」こととし、国家としては、人口増加率と社会・経済開発の程度がバランスの取れることを理想に掲げている。また、具体的な重点目標としては、「出産に関する保健衛生の向上、女性・児童の地位の向上、少数民族の地位向上、経済開発、情報収集」の5項目が挙げられている［*RLRHS* 2001：5］。その目標を達成するためには女性の教育が必須であるとしながらも、実際の変革は遅々として進まないのが現状である。

(1) 出生率

出生率に関連して調査された、最初の結婚年齢は、先の女性同盟の調査結果と同じく、若い世代の早婚傾向が目立つ。たとえば45～49歳の女性の平均的結婚年齢が19.5歳であるのに対して、25～29歳の女性では18.7歳となっている。［*RLRHS* 2001：55］

合計特殊出生率（人口統計上の指標で、1人の女性が一生の間に出産する子供の平均人数を示す）は、調査期間を、1995年から1999年までの5年間と、2000年の保健調査の時期に至るまでの1年間の2区間に分けて調査した結果が示されている。

出生率は居住地域によって大きく異なるのがわかる。都市部と地方部とがま

るで異なる「2つの国」であることは旅行中に痛感することであるが、その落差がそのまま出生率の数字に表されている。地方部の出生率は、都市部のほとんど2倍にも達している。また母親の教育歴によっても出生率はかなり変動し、学歴が高くなるほど出生率は低くなっている。(表5-9、5-10)

表5-9　地区別・合計特殊出生率（15-44歳、および15-49歳の女性）

母親の年齢	出生率 (1995-1999)			出生率 (2000年調査時までの1年間)		
	都市部	地方部	全体	都市部	地方部	全体
15-44	2.68	5.07	4.62	2.73	5.09	4.63
15-49	2.76	5.37	4.88	2.73	5.34	4.84
GFR(15-44)	95	177	161			

出典：*RLRHS* 2001: 25. GFR（General Fertility Rate）：15-44歳の女性1000人あたりの出生率

表5-10　母親の学歴別出生率

学　　歴	出生率 (1995-1999)	出生率 (2000年調査時までの1年間)
無	6.24	6.09
小学校	4.68	4.56
中学校または高校	3.30	3.33

出典：*RLRHS* 2001: 27.

　理想的な子供の人数については、回答者は現在の子供の人数に近い数字を挙げる傾向が見られたが、女性全体では平均3.9人、既婚女性は4.0人、夫は4.1人と答えた。

　もし人生のスタートをし直すとしたら何人子供を産みたいかという質問には、現在5人子供のいる回答者の35％、6人以上子供のある回答者の45％が、現在より少なく産みたいと答えている。調査者は、半分以上の他の回答者は自らの現状を正当化するために、あえて少なく産みたかったとは答えなかったのであろう、と推定している。[*RLRHS* 2001: 65]

(2) 最初の出産年齢

　最初の出産年齢は、人口動態に大きく影響するため、重要な指標となる。政

府は、この時期を遅らせた上に次の出産との間隔をとることによって母子の健康は向上し、ひいては出生率低下につながるとしている。

しかし、実際には、45～49歳の女性の最初の出産年齢の中央値が22歳であるのに対して、25～29歳の女性のそれは19歳であって、若い世代においても早い時期に出産を経験していることがわかる。また、20歳以前の出産については、現在45～49歳の女性グループの23％が経験しているのに対して、現在20～24歳のグループの37％が経験している。つまり、高齢者に比較して、若い世代の出産年齢はむしろ早くなる傾向にあるという結果になった。(表5-11)

表5-11　最初の出産年齢・2000年調査時（％）

年齢	出産なし	最初の出産年齢					回答者数	中央値
		15以下	15-17	18-19	20-21	22-24	25以上		
15-19	85.3	1.3	8.5	4.8				2579	
20-24	38.2	1.7	15.8	19.2	17.2	7.9		1999	
25-29	13.1	1.9	17.0	19.1	22.0	18.8	8.1	2183	19.4
30-34	6.8	1.6	13.4	21.0	23.0	21.7	12/7	1860	19.9
35-39	5.5	1.3	12.7	17.7	21.9	22.8	18.1	1942	20.5
40-44	4.5	1.4	10.2	15.1	21.4	23.3	24.2	1274	21.0
45-49	5.0	0.5	11.3	10.9	17.6	20.1	34.7	924	22.1
全体	28.1	1.5	12.8	15.3	16.5	14.9	10.9	12759	19.7

出典：*RLRHS* 2001: 34.

最初の出産年齢を居住地域別に見ると、都市部より地方部において出産年齢は早くなり、教育歴から見ると、学歴のない女性と小学校を終えた女性の差はあまり見られないが、それ以上のレベルでは学歴が上がれば上がるほど出産年齢は上昇する。[*RLRHS* 2001: 35]

特に10代の女性を対象にした、結婚、出産に関する別の統計によれば、2000年の調査時に15歳で出産を終えたか妊娠中であった女性は3.5％（回答者数536人）いた。年齢が上がるにしたがって出産件数も上昇し、19歳の女性で出産を経験したか、妊娠中だったのは40％（回答者数398人）に達していた。また、居住地域の差も大きく、15～19歳の女性の出産は都市部8.8％、地方部20.5％だった。学歴別には、教育歴なしの女性の出産は31.2％、小学校22.1％、中学校7.1

%、高等学校2.0％というふうに、大きな差を示している。[RLRHS 2001: 36]

　農村女性の早期結婚、早期出産、それに続く多産、高い妊産婦・乳幼児死亡率、栄養不良、母子の健康などに関する問題、貧困による子供の教育、保健への悪影響の問題などに向上の見られないままのライフサイクルが、自給自足の農村社会で繰り返されていることが読み取れる。

　他に選択肢がないとなれば、現在の生活維持、労働力確保、子供の可能性への夢などによって、多くの子供を産み育てる傾向は続くだろう。貧困の中では、子供はその働きを期待できるかけがえのない財産ともなってきた。

　しかしながら、若年妊娠は身体が出産に耐えるだけの十分な発達を遂げていない場合が多く、母子ともに健康のリスクを負わねばならない。その上、今後の度重なる妊娠、出産の可能性も高く、行政は、この傾向が高い出生率につながるとして懸念している。そして、「安全な母性（安全に母であること）を著しく損なう」ということを強調する。

(3) 出産の場所・立ち会う人

　出産の場所については、過去5年間、86％の出産が家庭内で行なわれたが（94年調査では91％）、これも母親の生活条件、学歴などによって著しい差が見られる（表5-12）。家庭で出産した母親は、都市部で44.3％であるのに対して地方部では91.3％に達している。また、都市部の女性、学歴の高い女性ほど都市の病院での出産が増加する傾向にある。[RLRHS 2001: 81]

表5-12　過去5年間の出産に際して誰が介助したか（地区別比率）

居住地域	無	医師	看護婦	助産婦	保健婦	伝統的介助者	親戚友人	その他	回答者の延出産回数
都市部	2.2	40.4	9.6	8.9	4.5	7.9	22.2	4.3	983
地方部	9.1	3.7	2.3	1.1	4.5	13.9	59.1	6.3	7929
全体	8.2	7.8	3.1	2.0	4.5	13.2	55.1	6.1	8912

出典：RLRHS 2001: 82.

　地方部では73％の出産が親戚・友人、伝統的介助者の手を借り、保健医療の専門家に介助された妊婦は11.6％にすぎない。都市部では63％の出産が専

門家の立ち会いのもとに行なわれたのと対照的である。

　地方の村落では、出産は基本的には家庭内で行なわれ、母親、姉妹、その他の肉親が付き添う。ラオ族の住むヴィエンサイ村では、分娩後、夫がベッドの下に炭火を置いて暖房したり、特別食を作ったりして、産後1ヵ月間、妻の世話、家事を引き受ける［Schenk-Sandbergen& Choulamany-Khamphoui *op.cit.*: 37］。また、シエンクアンのモン族の村でも、分娩後の妻の特別食を用意するのは夫の責任であるが、1ヵ月後に通常の食事に復する。しかし、妻の産後の休養は多くて1週間程度で通常の労働に復帰する、と報告されている。［*ibid.*: 53］

　出生届については、国際子供の権利議定書は、子供が姓名、国籍を持つ権利を有することを宣言しているが、ラオスには日本のような戸籍はない。5歳以下の児童で出生届が完了している者は、全体では60.1％、都市部82％、地方部56％であった。［RNHS 2000: 67］

　無届けの理由は、どこに届けてよいかわからなかったなど、主に情報不足が原因のようである。そのため、子供が何歳であるか、親子共に正確に把握しているとは限らない。そのような場合の入学者決定の基準として、次のような話もある。

　成長の程度を見極めるためには、右手を上に上げ、頭に沿って手を下ろし、左耳を摑むことができることが6歳、つまり小学校入学の基準と判断する村もある。ある子供はこれが5歳でできたため5歳で入学したという。［乾　前掲書: 147］

(4) 妊産婦・乳幼児死亡率

　ラオスの平均寿命は、女性55歳、男性52歳（1995～2000年）となっていて、その数値が全く同じであるカンボジアと並んで、東南アジアの中では一番短い。平均寿命は、アジア、北アフリカ、ラテンアメリカ・カリブ海地域で男女とも伸び続けていると同時に、1990年代初頭において既に寿命の長かった先進地域もその水準を維持してきている。このような世界情勢の中でのラオスの平均寿命の短さの原因は、住民がライフサイクルを通して遭遇する健康上のリスクの高さに帰することができよう。それが国内の社会的、経済的、文化的要因と密接に関係しているのは明白である。

一般的には女性の方が男性より長命であるが、その原因としては、「男女間の先天的遺伝および生物学的な差に関連すると考えられている」［国際連合 2001: 79］。ラオスにおける平均寿命の男女差も、日本および先進諸国では、女性が5、6年の優位性を保っているのに比較すれば、その差は短い。ちなみに、隣国タイでは、女性72歳、男性66歳。同じく社会主義国の隣国ヴェトナムは、女性70歳、男性65歳となっている。この統計に依拠する限りでは、ラオスの女性の自然的優位性が損なわれているのではないかと考えられる。

　しかし、2001年の政府発表によれば、ラオスの平均寿命は1995年の女性52歳、男性50歳から、2000年には女性61歳、男性57歳に増加したということなので、これが確かな情報ならば喜ばしいことである。［*RNHS* 2001: 1］

　女性の平均寿命は、若年出産、多産、専門家不在の家庭内出産などと大いに関連している。女性は、妊娠するごとに死の危険性と向き合う。妊産婦死亡率は、10万人の出生につき、妊娠、出産、および産褥中（分娩後6週間）の母親の死亡の割合を示す。

　国連の統計（1980～1998年）によれば、ラオスの妊産婦死亡率は650人であって、アジア地域内では、ネパールの540人と並んで目立って高い。［国際連合　前掲書:122-123］

　それに続くのが、カンボジアの470人、インドネシアの450人である。また、2000年のラオスでの調査結果によれば530人と発表されているが、地方部の妊産婦死亡率は都市部の3倍以上となっている。［表5-13］

　妊産婦死亡率は国によって統計の出し方が異なり、過少推定の可能性も高く、国際比較は困難ではある。しかし、ラオスのそれが、80～90年代の650人から、2000年は530人に減少したとしても、非常に高い死亡率であることには変わりがない。イギリスの7人、アメリカ合衆国および日本の8人と比較すれば、生命のリスクはおよそ65倍以上である。ちなみに、同統計によれば、タイ44人、ヴェトナム160人となっている。［同書:124-125］

　ラオスにおける新生児出生1000人当たりの死亡数は、女児88人、男児99人となっている［同書:122-123］。ラオスの2000年の調査結果によれば、全体で82.2人と発表されているので、大きな差は見られない。ただし、ここでも居住地による格差が大きい。地方部においては都市部のほとんど2倍近いという高

さであるが、これには、衛生施設、薬局、医療施設へのアクセスの難易度、住民の教育水準、罹病率など、地方農村の大きな負の要素すべてが関連しあっている。[表5-13, 5-14]

表5-13　過去1年間の妊産婦および新生児死亡率

	粗出生率 （1000人につき）	新生児死亡率 （1000人につき）	妊産婦死亡率 （10万人につき）
都市部	23.6	3.9	170
地方部	36.6	6.9	580
全　体	34.0	6.3	530

出典:*RLRHS* 2001: 68.

表5-14　乳幼児死亡率（1995-99）・新生児1000人についての割合

	1歳以下乳児死亡率	5歳以下幼児死亡率
都市部	41.7	48.6
地方部	87.2	114.2
全　体	82.2	106.9

出典: *RLRHS* 2001: 71.

(5) 避妊

　15～49歳の女性既婚者で何らかの方法で避妊をしている者は、2000年の調査では40.5％、都市部68.6％、地方部35.0％だった。避妊方法は口径避妊薬22.3％、注射13.7％、IUD（Intrauterine device　子宮内挿入避妊具）5.3％、女性の不妊手術4.7％、コンドーム使用2.2％などであった。また男性の不妊手術は0.3％となっていることからも、避妊は圧倒的に女性側で行なっているのがわかる[*RLRHS* 2001 : 43]。しかし、自然のなりゆきに任せて避妊をしていないと回答した既婚者がなお59.5％にのぼっていて、自らの出産に対して主体的な決定をしていない、できない、女性の比率がかなり高いことを示している。

　薬局、病院が避妊薬、避妊器具、手術などの供給源であるが、女性の不妊手術については国外で受ける場合も多く、手術を受けた女性のうちの40.3％はタイで受けていた [*RLRHS* 2001: 49]。貧しい農村の女性とは対照的に、都市部に住む教育を受けた女性は、比較的生活水準も高く、情報も豊かであろうし、病

院や薬局へのアクセスも容易なため、自らの出産に対してより主体的な決定が可能であろう。

現在のラオスでは、大都市を除いて、保健医療の専門家および病院、薬局の絶対数が非常に少ない上に、アクセスも困難である。また、たとえ避妊を望んでも、情報不足、識字率の低さなどから、結局なりゆきまかせになるか、不確かな情報頼りになると思われる。

シエンクアン県のあるモン族の村の女性同盟のリーダーは、村で薬局を開くことを夢見ているが、資金の目途はないという。彼女は、女児2人、男児2人を出産し終えたら、昔から伝えられているサハと呼ばれているある種の薬草を飲んで不妊になる計画を立てている。ある女性がこれを山で見つけてきて庭で育て、飲んだところ、7年間妊娠しなかった。この薬草は秘密ということにはなっているが、これをもらって飲んだ女性が3年間妊娠しなかったら2万キップ支払うことになっている。この村でインタヴューを受けた女性たちは、度重なる妊娠について、「神の思し召しのまま」と発言したが、既に出産期間をほとんど終えているからこそ言えるのであって、この女性同盟指導者のように出産を主体的に決定できることを切望している女性は多いはずだ。[Schenk-Sandbergen & Choulamany-Khamphoui *op.cit.*: 53-59]

女性も男性もともに、自分たちの子供の数と間隔を決定し、親子がより豊かで健康な生活が可能となるような、情報、教育、手段の提供が急務である。

(6) AIDS・HIV

AIDS、HIVに関しては、女性の69.3％、夫の77.5％が何らかの知識を持っていた（都市部92.6%、地方部63.9％）[*RLRHS* 2001: 99]。いずれの病気に関しても、情報源は大部分がラジオ、テレビ、保健婦、親戚・友人などからで、読む習慣の定着していない国柄のため、新聞、雑誌、ポスター、コミュニティー・センターなどは低位を占めた。情報源へのアクセス、教育、識字率、健康への関心の程度などが互いに関連し合い、正しい知識の獲得を困難にしている。この統計では、知っていると答えた回答者の中には、ちょっと耳にした程度の知識にすぎない場合も含まれるため、実際の原因、予防方法になると、曖昧になり、かなりの誤解もあるようだ。[*RLRHS* 2001: 97]

HIV、AIDSについては、感染経路についての知識が地方部において非常に低いこと、また全体としては、複数の感染経路のうち、「母子感染」についての知識の低さも（女性14.8％、夫16.8％）懸念される［*RLRHS* 2001: 100-101］。また、統計はないものの、農村の若年層の都会への移住が今後も増え続けるのは確かであるし、その暗黒の部分としての人身売買、売買春も深刻な問題になっている。ラオス政府もHIV、AIDS問題に直面せざるを得ないであろう。

第6章　教育

1. 教育の歴史：ラオス語の受難

　18世紀後半よりシャム(タイ)の属領となっていたラオスは、1893年以来、フランスの植民地としての歴史を歩むことになったが、社会、教育分野の開発は低調を極め、長い停滞の時代が続いた。フランス総督府は、植民地行政の要となる重要なポストにあるフランス人の補助官吏には主にヴェトナム人を登用し、ラオス人の登用はごくまれであった。フランス人支配者と一般ラオス人との間にヴェトナム人がいて、ラオス人(ラオ人とその他の少数民族)はヴェトナム人の下という構図が定着していったのである。こうして、都市部にはヴェトナム人と経済活動を支配する華人が多少増えたが、地方の農民の大部分は依然ラオス人だった。

　王都ルアンパバーンには、1897年、王族の子弟を教育するために、フランス語による3年制小学校が設立され、その後、いくつかの都市部にも開設された。1940年にはラオス全土で4年制小学校が170校、5年制初級中学校40校が存在したが、その上は3年制上級中学校(高校)(リセ)がヴィエンチャンに1校あるだけだった。それ以上の高等教育を受けたいラオス人はハノイかサイゴン、またはパリに留学せざるをえなかった。

　植民地行政はフランス語で行なわれたため、一部のエリートのみがフランス語教育を受けることとなり、彼らと一般のラオス人との乖離は深まっていったが、これは当時のヴェトナムでもカンボジアでも同じだった。

　ラオスが王国としてフランスから正式に独立した1953年当時も、3年制高校

は、全国で唯一ヴィエンチャンのリセのみであった。留学希望者や新設された国内の専門学校に進学する者は、まずバカロレア*を取得する必要があったため、このフランス語による学校を目指した。リセでは、フランス人やヴェトナム人の教師が、フランス語で、フランス製の教科書、教材を用いて授業をした。ここで、ラオス人の学生は、自国の言語、文化、歴史などを学ぶことなく、遠く離れたフランスの歴史や文化を学んだ。

この時期は、将来を視野に入れ、独立国ラオスとしての国民教育の確立を急ぐチャンスであったと思われるが、教育は従来の制度を踏襲、温存していた。ほとんどが王族よりなる指導層は、特権保持のためであろう、国民のために広く教育の門戸を開く政策はとろうとしなかった。

王族の子弟は多くパリに留学し、ヨーロッパの事物を見聞し、学び、フランス語でコミュニケーションをして、人口の大部分を占める一般ラオス人とはあまりにも掛け離れた上流社会に住んでいた。当時の上流階級では家庭内でもフランス語で会話をし、フランス風の生活をするのが一種のステータス・シンボルともなっていた。

ラオスでは一般の男性が結婚前に出家を経験することが社会的習慣として、現在に至るまで続いている。寺院では、出家者に経典を読むためのサンスクリット語とパーリ語、数学、天文学、薬剤知識、美術工芸、伝統音楽等が教えられた。こうして数ヵ月あるいは数年教育を受けた修業僧は、還俗すると教養ある社会人として、役所に勤めたり、教師になったりもした。フランス総督府はこの習慣に注目し、一般庶民の教育制度の整備、校舎建設は行なわず、既存の寺院を強化、利用することによって、少年たちに初歩的なラオス語の教育を授けるようにした。

したがって、庶民の教育の場はもっぱら仏教寺院であったが、ここには女性は受け入れられなかった。また、基本的には精霊信仰である少数民族も、仏教寺院に受け入れられることはなく、最初から教育の機会は閉ざされていた。

また、フランス総督府はラオス語による出版物には消極的だったため、人々は、読書といえば、フランス語の出版物か、バンコクで出されるタイ語の出版

---

*　バカロレアはフランスの中等教育修了を証明する国家試験で、合格者は大学入学資格が与えられる。

物を利用するしかなかった。新聞も、1941年になって初めてフランス語とラオス語による「ラオ・ニャイ」という総督府用の広報紙が刊行されたにすぎなかった。

　内戦時代になると、ヴェトナム独立同盟（ヴェトミン）と結ぶパテート・ラオは、根拠地であった北部において、新たな学校制度に基づいた教育を試みた。そこに学んだ生徒たちは、後にパテート・ラオの革命戦士となったり、マルクス・レーニン主義を軸とした教員になったりした。

　1954年のディエンビエンフーの戦いに破れてインドシナから撤退したフランスに代わって登場したアメリカは、フランスの政策に対抗して、ラオス語による教育を支援し、学校を建設したり、王国政府に資金援助をしたりした。

　王国政府も革命寸前の1973年から74年にかけて、プーマ中立政府のもとでヴィエンチャンを中心に教員養成学校8校、中学校24校、高校4校、美術学校2校を建設して、都市部の教育普及を図った。［乾 前掲書: 26］

　この事実は、国民のための包括的な教育の指針、制度、指導者、校舎、カリキュラムは不在のままに、右派、左派、中立派が互いに自らの都合に合わせた教育政策をばらばらにとっていたことを示すものである。そのため、1975年に成立した人民革命党の社会主義政権が、国民国家としての新たな教育制度の整備に着手しようとした時には、その土台はきわめて脆弱なものだった。新政府は、翌1976年、内実の伴わないままに、5段階よりなる学校教育制度を制定したが、これだけでも、ラオス教育史上画期的なことであったと言えよう。

　しかし、人民革命党政権樹立に前後して、旧政権王国政府の政府高官、軍人、知識人などが大挙して国外に逃れ、国に残った者も再教育キャンプという名の強制収容所に送られたため、新政府は貴重な人材を失うことになってしまった。また、かつての王族やエリートたちのフランス留学に代わって、パテート・ラオ・エリートたちはソ連を始めとする共産圏に留学するようになったが、一般国民の教育問題に本腰を入れて取り組もうとはしなかった。政府や教育省は何度も教育目標を掲げてはいるが、それがどの程度実現されたか疑問である。

　ラオスの人口は49に分類される多様な民族によって構成され、ラオス語を話すラオ族は人口のおよそ60％を占めるにすぎない。ラオス語はタイ語と同じグループに属し、ラオ族が中国雲南省に住んでいた2000年前には成立して

いたといわれるが、多数の民族が移動、定住、通過の歴史を刻んだラオスでは、国語とか標準語とかという概念の形成が困難であった。険しい山岳地帯を移動してきた少数民族は、それぞれの生活地域内で、それぞれの言語を話していた。

　1949年、ラオスの統一、独立に向けての大きな課題の1つが国語問題であることを痛感した王国政府は、今後のラオス語のあり方を検討するために、文部省内に文芸委員会を設けた。問題は、ラオス語が公用語として使われなかったこと、その間にヴィエンチャン地域とルアンパバーン地域との発音に違いが生じていたこと、また、姉妹語であるタイ語の熟成度と比較すると、語彙や熟語の不足、表現形式の古さが生じてきていたことだった。1960年に文芸委員会は、新正字法を決定して発表したが、これによって文字と発音の一致が図られたため、ラオス語の普及に大きく寄与したとされる。［上東 1990: 122-123］

　なお、ラオスでは、大国に翻弄された歴史を反映して、フランス植民地時代のエリートはフランス語を学び、革命後のエリートはロシア語を学んだが、市場経済の時代になると英語の教材が市場に氾濫するようになった。

2. ラオスの教育制度

　1991年に制定された憲法19条は、国民の教育について、次のように謳っている。

　　若い世代を、良き市民に育てるために、教育の発展に尽くす。教育、文化、および科学における活動を通して、知識、愛国心、民主主義への献身、民族間の連帯・融和の精神を高め、国の主権者としての国民の意識高揚を目指すものである。特に初等教育としての義務教育の徹底が重要であり、公教育に恵まれない地域への教育施設の新設に努めなければならない。政府・国民共に力をあわせて、すべての教育段階のための学校建設、教育方法の確立、少数民族居住地域における教育の発展に努力しなければならない。［L'Asemblee Populaire Supreme Vientiane 1991: 8］

この条文から、義務教育の強化、少数民族の教育機会の拡充を強調しているのがわかるが、その徹底は前途多難な道と言わざるをえない。

　現在のラオスの教育制度は、4段階に分けられる。0歳から2歳までの保育園と3歳から5歳までの幼稚園とからなる就学前教育、6歳から10歳までの5年間の小学校教育からなる初等教育、11歳から13歳までの3年間の前期中等教育（中学校）と14歳から16歳までの3年間の高校教育からなる後期中等教育、それ以後に進む大学などの高等教育となる。制定時の学校教育制度は中学校を前期中等教育、高等学校を後期中等教育の2段階にしたため、全部で5段階であったが、98年より中学校と高校を一貫教育として扱い、前期中等教育と後期中等教育を1段階として見なすようになったため、4段階とされる。

　義務教育は、小学校5年間の初等教育のみであるが、諸事情のために、実質的には義務教育とは名ばかりというのが現状である。

　学費は、就学前教育を除き、すべての段階で公立学校の場合は原則的には無料である。また、すべての段階で、教授言語は多数派民族であるラオ族のラオス語使用が原則である。

　現政府が、国民教育こそが、農村の健康、福利を向上させ、長引く貧困を脱するためにも必須であることを感じていることは確実であろう。校舎も教員も、徐々にではあるが、確実に増加してきているのも事実である。しかし、すべてはまだ緒についたばかりである。

3. 識字率

　識字率は、都市部で85.9％（男92.8％、女79.3％）、地方部で60.0％（男74.6％、女46.5％）で、全国的に見ると70.0％（男81.7％、女59.1％）になり、どのカテゴリーにおいても女性の識字率が低い。また、年齢によって男女差の著しいのが目立つ。若い年齢層では男女の差は小さく、年齢が上がるにしたがって女性の不識字率が高くなっている。教育の普及によって、今後女性の識字率は男性のそれに限りなく近づき、差がほとんどなくなることが期待される。［表6-1］

表6-1　地域・年齢別識字率

		男	女	全体
地区	北部	76.1	51.3	63.3
	中部	85.3	65.3	75.0
	南部	82.4	58.5	70.0
地域	都市部	92.8	79.3	85.9
	地方部	74.6	46.5	60.0
年齢（歳）	15-24	88.4	74.8	81.4
	25-34	81.6	66.6	73.5
	35-44	85.9	62.6	74.0
	45-54	79.9	42.2	60.9
	55-64	71.1	26.3	48.6
	65以上	55.1	16.2	35.4
全体		81.7	59.1	70.0

出典：*RNHS* 2001: 17. 回答者数＝2万1736名

4. 就学率

　就学率の男女差は、全体的に男子よりも女子の方が低くなっているものの、都市部では一律に88％余という比較的高い水準を示している。しかし、依然として地方部では女子の落ち込みが目立つ。少数民族の多く住む北部においては、特に女子の就学率が落ちている。(表6-2)

　年齢別就学率では、小学校入学率自体の低さが深刻な問題であることがわかる。6歳の児童については全体の就学率は37.9％で、60％余の就学年齢の児童が学校に出ていないことになり、6歳の就学率の低さが全体の比率を押し下げている。そして、年齢が上がるにしたがって就学率は高くなっているが、その原因としては戸籍も整備されていないこと、情報不足などのために必ずしも就学年齢に達した時点で入学していない、また後に述べるように、進級試験に失敗したため留年している生徒がかなり存在するためであろう。この統計には、公的な義務教育年齢を対象として、6歳から12歳までの比率が示されているが、同一年齢であっても学年にはばらつきがあるはずである。その結果、12歳以

上の生徒が存在するはずであるが、統計には示されていない。(表6-3)

　これを地方別、民族別の観点から見れば、地方部はさらに落ち込み、特に少数民族女子の比率はいっそう落ち込むことが予想される。

表6-2　児童（6-12歳）の就学率（%）

地域	男子 (4180)	女子 (4001)	全体 (8181)
北部	69.7	60.7	65.4
中部	78.7	74.5	76.6
南部	66.8	65.9	66.4
都市部	88.1	88.2	88.2
地方部	64.1	57.3	60.7

出典：*RNHS* 2001: 16.　（　）内の数は回答者数

表6-3　年齢別児童の就学率（%）

年齢	男子	女子	全体
6（歳）	38.8	37.1	37.9
7	61.0	59.3	60.1
8	70.3	72.3	71.3
9	84.1	78.6	81.6
10	85.8	76.8	81.6
11	87.2	82.3	84.7
12	82.5	73.8	78.2
全体	72.5	67.8	70.2

出典：*RNHS* 2001: 16.

5. 進級制度

　ラオスでは、新学年に進級するためには5月の学年末に行なわれる全国統一試験に合格することが必要条件になる。これに不合格となれば、留年し、次年度の機会を待って再び試験を受けなければならない。前期中等教育に進むためには、小学校5年生までの学年末試験に合格すること、後期中等教育に進むた

めには、前期中等教育の学年末試験に合格することが必要である。

驚くのは義務教育とされる小学校の就学率の低さもさることながら、新学年に進級できない生徒比率の高さである。1学年から2学年に進む段階で既に3分の1の生徒が留年または退学していることになるが、2年生から5年生までの進級は90％前後と比較的高い比率で推移している。この統計を見る限り、進級率における男女差はないばかりか、女子の方が高い比率を示している。問題は、1学年から2学年への進級であって、この段階で失敗した生徒の多さが、5学年までの進級者の割合を押し下げる要因となっている。(表6-4)

1年生から2年生に進む段階で何が起きているのか。全国統一の進級試験が、生徒の学習度を量る的確な問題で実情に合ったものなのかどうか、多くの疑問が残る。

表6-4　進級した児童の割合（％）

		1学年から 2学年に進級	2学年から 3学年に進級	3学年から 4学年に進級	4学年から 5学年に進級	入学以来 5学年まで進級
性別	男	65.0	88.0	91.3	90.9	47.5
	女	66.7	91.1	92.4	92.8	52.1
地区	北部	64.9	93.1	92.7	94.1	52.7
	中部	64.3	84.4	90.7	89.9	44.2
	南部	69.3	93.8	93.2	92.6	56.6
地域	都市部	69.9	90.1	93/6	93.1	54.9
	地方部	63.6	88.8	90.1	89.6	45/6
全体		65.8	89.4	91.9	91.8	49.6

出典：*RNHS* 2001: 16.

教授言語は、居住地、民族の違いを超えてすべてラオス語である。そして、授業内容は、全国一律に、教育省から出るラオ文化に基づいたカリキュラムに従うが、これは随時改訂されている。初等教育の場合、教科は、「ラオス語、算数、私たちの身のまわり（理科と社会の合科）、芸術、体育、音楽、工芸」の7教科で、教科書が発行されているのは、「ラオス語、算数、私たちの身のまわり」の3教科のみである。しかも、教科書の発行部数が生徒数に追いつかず、学校でもやりくりに苦労している。都市部はとにかく、地方・山間部では教科

書なし、または数名に1冊という有様で、その普及は前途遼遠というところである。[乾　前掲書:45-46]

　しかし、地方部では全国共通のカリキュラムが実施されているわけではなく、小学校では規定の7教科が教えられているわけではない。時間割は教師の裁量に任されてかなり流動的な上、教授法は教師が説明したり板書したりしたことを生徒が暗記する方法が主流となっている。生計に足る待遇を受けていないため、教師は副業に忙しいので、教材や教授法の研究はおろそかになるであろうし、第一、教材を作ろうにも材料がない。

　山間部の小さな古い学校には職員室もトイレもない所が多いが、筆者の訪ねたラックサオに近い村（バーンパナム）のモン族の小学校では、初めて職員室のあるのを見た。6畳にも満たない白木の打ち放しの1部屋で、真ん中に小さな机と幾つかの椅子があり、壁にカレンダーが貼ってある。それだけだった。紙1枚も見当たらない部屋の隅に3本のガラス瓶が置いてあったのが印象に残っている。

　学校によって大きく異なる授業内容や画一的な授業方法にもまして、特に少数民族にとっての深刻な問題は、授業言語がラオス語であり、少数民族言語を解する教師はまれだということである。このように少数民族の子供は最初から大きなハンディキャップを背負って入学し、特に個人的な配慮や指導もないので、授業はわからないままに進み、それが意欲をくじき、退学の大きな誘因になるようだ。そして、すべてラオス語の全国統一試験を受けたらどうなるのか、失敗を重ねて留年すれば、クラスの中では自分がどんどん年上の生徒になっていってしまう、などということが、懸念される。実際、年上の生徒（この場合は少数民族ばかりとは限らないが）は、年齢が恥ずかしくなってやめていくという話をしてくれたラオス人女性もいた。

　シエンクアン県ペーク郡内の村のモン族の生徒の多い小学校における調査によれば、あるモン族の女生徒は進級試験のラオス語の試験に2度失敗したため、10歳ではあるが1年生のままだとか、ラオス語がわからなくなって勉強に興味を失い退学したというモン族男子の例などが挙げられている。[乾　前掲書：118-119]

　ラオス語ではない民族言語で育てられ、日常生活を送っている少数民族の生徒は、ラオス語での会話には比較的容易に適応できても、その読み書き、学習、

試験問題に答える段階では、つまずきが多いことが指摘されている。

　進級できなかった児童、つまり退学または留年をした児童について民族別に調査をすると、少数民族の抱える教育格差の問題がはっきりするであろう。

　そういう個別的な統計はないが、1999年と2000年の調査の結果によれば、少数民族の多いポンサーリー、セーコーン、サイソンブーン、ルアンナムター各県における留年率はおよそ40％に達し、中途退学率はポンサーリー 40％、セーコーン、サイソンブーン、ウドムサイ各県では20％以上となっている。これに対して、ラオ族が93.6％を占めるヴィエンチャン市の留年率は28％、中途退学率は8％となっていることからも［同書：78-79］、ラオス語の問題ばかりでなく、さまざまな要因がはたらいて民族間の教育格差をうみだしていることがうかがわれる。

　言語、カリキュラムの内容、教師の質、教授法、民族間格差、教育予算の配分等についての問題の解明と解決、そして就学率そのものを上げる努力が、初等教育普及の鍵となろう。

6. 校舎

　5年間の初等教育が無償の義務教育とされながらも、校舎もない、教師もいないという状態では、事実上就学年齢に達した児童の入学手続きを保護者に義務付けることは不可能である。その上、出生届を出さない親も多く、日本のような戸籍もないため、山岳地帯では、子供が何歳になったのか、判然としない家庭もあるようだ。

　また、読み書きの楽しみも経験することのなかった保護者は、自分たちが生きてきた伝統的な生き方を踏襲する固定的な考え方から抜け出せないのと、目前の生活の必要に追われて、子供を労働力として扱い、教育に大きな期待、価値観が見出せずにいるのかもしれない。教育の供給側、受ける側双方の環境や価値観が整っていないことが、義務教育を義務として徹底することを阻んできたと思う。

　しかし、学校に行きたくても、通学可能なところに学校がないという問題は、

国際援助や国際NGOなどの手による校舎建設などと相俟って、徐々にではあるが改善されつつあるのは確かである。政府の発表によれば、1976年から2000年までに小学校は4400校からおよそ9800校に増加している。(乾　前掲書: 70)

　筆者の訪れた幾つかの村には、居住地の高低、民族の違いにかかわらず、とりあえず校舎はあったし、ない場合は近隣の学校に通学することになっていた。見学した校舎は、いずれも土間のままで、長方形の粗末な木造の建物で、ベンチだけ、あるいはベンチと机が並べてあるだけだった。そして、前方に文字を書いても判然と読めそうもない古びた黒板がたてかけてあるだけで、辺地の校舎の不備、老朽化は深刻であることを感じた。

　政府統計局は、2003年、小学校を「完全小学校（Complete primary school）」と「不完全小学校（Incomplete primary school）」との2グループに分けて、全国1万752村における設置状態の統計を出している。「不完全小学校」とは、あるにはあるが、寺院などの一角に仮住まい、天候によっては休校となる仮設的な校舎等、一定の学年しか収容できない、そのため全学年の教育が行なえない小学校を指す。また、校舎を建てても、そこに通勤したり、近くに居住したりして定期的に活動する教師が見つからず、全学年の教育が不可能な場合も含まれる。

　本統計によれば、「完全小学校」を備えている村は、全国で34.1％、「不完全小学校」の村は47.2％にのぼる。そして、小学校のない村が、20％近く存在することになる。これは、地区によって大きなばらつきがあり、「不完全小学校」の村は、ヴィエンチャン市では、13.5％であるのに対して、ホアパン県66.0％、ポンサーリー県とアッタプー県がともに61.1％などとなっている。

　また、これを都市部と地方部に分けてみると、圧倒的な格差が判然とする。都市部では、「完全小学校」のある村が全体の67.6％、「不完全小学校」が15.8％となっている。しかし、依然としてばらつきは大きく、「不完全小学校」の村は、ヴィエンチャン県で6.3％、ヴィエンチャン市内で8.9％であるが、ポンサーリー県44.4％、サイソンブーン特別地区40.0％、セーコーン県38.5％となっている。

　さらに地方部では、「完全小学校」を有する村は全体の29.5％にすぎず、「不完全小学校」は51.5％となっている。「不完全小学校」の村が60％以上の県は、

ホアパン、ポンサーリー、ルアンナムター、ウドムサイ、ルアンパバーン、シエンクアン、アッタプーなど、いずれも少数民族の多い地方である。[Committee for Planning and Cooperation 2004b: 21-23] 教育制度もヴィエンチャンから整備され、地方は依然として取り残されている現実が見えている。特に主要幹線道路から遠い僻地の村は、教育へのアクセスは困難を極める。

農民の中には、教育が脱自給自足農業への重要な鍵になることを強く自覚し、子供たちに教育の機会を与えることを熱望する親が増加しつつある。その願いに応えるためにも、まずは受け皿となるべき校舎の建設が不可欠であるし、その校舎を満たすべき優れた人材、教師の養成、そして教師の生活を十分に支えうる報酬を確保、保障することが急務となっている。

7. 教師

不備な校舎が今後どの程度「完全」な施設になるのか、見通しはあまり楽観的にはなれないが、そこで活動を期待される教師も圧倒的に足りない。教師不足は教育の質の低下を招くのは必然であるが、教師の養成機関、教員免許はどういう仕組みになっているのだろうか。

教員養成制度が整備されたのは90年代のことで、それまでは59の小規模な養成学校で統一したカリキュラムもないままに教員養成教育が行なわれていた。98年、小規模校が統合されて、教育省の管轄する10校の教員養成学校とラオス国立大学教育学部にまとめられた。

教員資格取得については各教育段階によって異なり、次のような条件を満たさなければならない。幼稚園教員の資格は高校卒業後1年間の養成コースを修了。小学校教員は中学校卒業後3年間の養成コース修了か、高校卒業後1年間のコース修了。中学校教員の資格は高校卒業後3年間のコースを修了。高校の教員資格はラオス国立大学教育学部の卒業生のみが取得できる。

ところが、実際には、無資格教員もかなり存在するようで、特に山岳地方では、小学校を卒業した者が小学校で教え、中学校を卒業した者が中学校で教えるということが珍しくないようだ。

教師という仕事はかなり低く評価されているのか、予算が不足しているのか、その待遇は、とても教職に専念して生活できるだけのものではない。しかも、給料は、現金ではなく、現物支給として米や野菜を与えられる場合もあるという。

　前記のヴィエンチャン県ヴィエンサイ村の男性小学校教員は、90年代半ばに給与は4万7000キップと答えている。99年の記録によれば、小学校教員の初任給は、5万キップ（当時約800円）となっていて、仕事に専念しても、生活の保障はされず、将来の見通しもなかったという。［乾 前掲書：41］

　現在でもこうした状況は変わらず、そのため、学校の仕事は最小限にして、副業に精を出す教員は少なくない。日本の教員の長い窮屈な、閉塞的な勤務条件と比較すると、その副業ぶりの多様さには目を見張るものがある。

　すなわち、学校から帰るとすぐに機織機に向かう。農繁期には学校に来ない。校内で売店を経営する。勤務時間中に刺繍の内職に精を出す。英語の塾を開く。行事の際、音楽の演奏をする。トゥクトゥク（小型軽自動車のタクシー）運転手をする。レストランを経営する。市場で店を開く等々。

　また、保育園の費用を節約するために、自分の子供を勤務先に連れてきて、生徒の間に座らせて授業をする女性教員も多いようだ。

　そして、依然として教員不足は続く。子供の教育を熱望する過疎地の親が、たとえ村内に校舎建設を実現したとしても、教員の確保が保障されるわけではない。カムムアン県とルアンパバーン県の6村における調査では、こんな場合の作戦は近辺の主婦に交渉して教員になってもらうことである。依頼された女性たちは野生動物の肉や魚の贈り物を浴びるが、この作戦はいつも成功するとは限らないらしい。［Rigg 2005: 93］

8. 女子の教育

　政府統計局は、女性の教育歴と結婚年齢、家族計画の知識・実践、出産回数、保健衛生の知識との関係に注目して、さまざまな統計をとっているが、教育レベルが高くなればなるほど、結婚年齢は遅く、出生率は低く、家族計画、保健

衛生の知識は高いことは明らかである。

　厚生省は2000年の報告書の中で教育の重要性を強調、特に家事の担い手として就学率の低い女子の教育普及が国民の保健向上のための重要な鍵を握るという見地から、2005年までに人口教育、出産に関する保健教育のためのプロジェクトの規模を拡大、学校教育に取り込んでいく計画である、と述べている。〔*RNHS* 2001: 92〕

　母親となる女性の教育は、家族計画をはじめ、衛生、栄養、教育に関しての多様な情報へのアクセスを可能にし、結果的に出生率は低下し、子供のより質の高い養育に貢献することが可能になるであろう。また、人権意識、価値観の形成に寄与し、停滞した社会の変容のはずみとなる可能性も高い。

　教育省は「初等教育における女子就学率の引き上げ、義務教育の普遍化」を目指して、ADBの援助のもとに大規模なプロジェクトに着手した。その具体的な内容としては、コミュニティー参加型学校建設の補助、初等教育への複式学級の導入、少数民族教員の新規養成と再訓練、カリキュラムの改善、教育行政の強化などが挙げられている。〔瀧田 2003: 31〕

　しかし、国際援助機関、NGOが撤退したあとの教育改善運動の継続、またプロジェクトの範囲からはずれた地域との格差是正など、多くの問題が残され、ラオスの行政力が問われることになろう。

9. 児童労働

　農村女子就学率の低さの原因については、子供が貴重な労働力となっているため、通学に消極的な親がいるという問題がある。村を歩いてみれば、子供が家事労働の重要な担い手であることはすぐわかる。特に少女たちが掃除、洗濯、料理、水運び、買い物、子守り、機織り、商い、農作業などにいそしむ姿がどこに行っても見られる。

　統計によれば、5〜9歳の子供で、4時間以上の家事手伝いは50.3％、4時間未満が1.4％となっている。10〜14歳の子供では、4時間以上80.4％、4時間未満7.3％である。全体としては、女子の家事手伝い時間が男子を上回っている

が、地域による差は大きくない。

また、賃金の有無にかかわらず、家族以外の者のために働いたり、4時間以上の家事労働を行なったりする児童は、「現在、労働に従事している」カテゴリーに含まれる。これによれば、全体では31.9%（男子30.5%、女子33.2%）（都市部27.5%、地方部34.1%）の児童が「労働に従事」している。[RNHS 2001: 69]

この統計に表れた児童労働の男女差は大きいとは言えないが、実際の観察によれば、圧倒的に少女の労働が多く、特に市場で働く少女の姿が目立つ。

早婚、多産の農村女性にとっては、子供は、家事、農作業、育児を手伝うばかりか、現金収入のための労働力であり資産であると言えよう。個人の希望より、家族全体の生存を優先しなければならないことが、村の伝統となってきた。

この背景には、慢性的な農民の貧困という暗く重い背景がある。抜け出す道のない、厳然とした農民社会の広い底辺の中で、生き残りをかけた作戦が現在のラオス農民の生き方と言えよう。

その中で、男は力仕事と権威、女は家族を養うための労働という性別役割のパターンが固定化したと思われる。勿論、家族が窮乏の底に落ちて、這い上がろうと必死になるときは、この役割分業の枠は取り払われて、性別にかかわりなく、できることは何でもして互いに手伝い合う。そして、貧困の中では、子供は子供ではなくなり、一人前の働き手になる。特に女の子は幼い時から母を真似て、弟妹の世話、家事、農作業、織物などに励み、家計を助けるようにもなる。

ラオス政府は女子の早婚の慣習には不寛容で、早婚防止のために、生徒が結婚する場合は退学を義務条件にしているが、いっこうに効果がないようだ。学校教育には、従来の母親たちの生き方を変えて、結婚を遅らせるような誘引力がないのであろう。

そして、家庭は、自給自足の日々を生きるのに精いっぱいであったら、まずは生存の道を優先させることになろう。結果として、不就学、退学、労働力確保、または結婚ということになる。その背景には、母のように若くして結婚し、同じ家または近隣に住み、女のネットワークを広げ、互いに助け合いながら貧困と闘い、かつ折り合って生きていく、農民たちの生存のための作戦がある。

10. 山積する問題

　国を挙げての教育制度を確立し、教育を少数民族も含めて全国に普及させることは、ラオスの完全独立を目指す王国政府の課題でもあった。1975年以来の現政権もその目標を掲げてはきたが、それ以後の30年間、都市部を除いて、農民の貧困、教育の不振はそのままに捨て置かれてきたと言わざるをえない。

　繰り返すが、初めて行なわれた2000年の保健調査によれば、何らかの形でトイレを備えている世帯は都市部で67.1％、地方部で19.0％となり、地方部では80％以上の世帯で備え付けのトイレは使っていないことになる。飲料水も、小川、川、池などから直接汲んで使う場合が多い。電力使用は金次第で、電線は引かれていても、料金の支払えない村や世帯は素通りしていく。

　就学率の低さの原因としては、社会設備や教育施設が整備されつつあり、それらへのアクセスも容易になってきている都市部は別として、過疎地の教育へのアクセスの困難さもあろう。また、生活に追われる地方部の農民、特に少数民族の中には、今教育に時間や費用を費やしている暇はない、教育を受けたところで現状がどうなるものでもない、特に女は早く結婚をして労働力を確保し家庭を作ることが大切だ、と考えて、教育がこれからの人生にもたらすであろう価値、利点、可能性について、長期的な視点に立って考えることをしない人もいるだろう。

　そういう考え方は、長期にわたる変化のない貧困生活のなかで培われた、生きるための知恵、哲学ともなってきた。その背景には、大半の生活時間が生存のための労働に費やされてしまうという現実がある。

　また同時に、教育が脱自給自足農業の重要な条件となることを自覚して、子供たちの教育に熱心な親が増加してきているのも事実なのである。たとえば、山岳地帯から政府の指定したルアンパバーンの平地に降りて定住し始めたあるカムー族の家族は、遅れてきたために耕作する割り当て地がなくなり、住宅地だけを与えられた。しかし、困難な生活条件と闘いながらも、教育施設へのアクセスが可能なこの移住地で生活を維持しようとする決意は固い。〔Rigg *op.cit.*: 119〕

村の通学風景、弟妹を背負って登校する小学生もいる（サルイ村）。

　そして、先にも述べたように、学校を建設して、教師探しに奔走している親もいるし、村に学校がなければ、子供が近くの村の教育施設に通学できるよう、自転車の購入代金を貯めている親もいる。[*ibid*.: 92-93]

　以上のように、現在は教育に対する考えが世代交代とともに変わりつつある過渡期と言えよう。その風潮は、従来の自給自足型の農業では現代の資本主義経済に対処するのは困難であること、新しい時代に処して生活レベルを上げていくためには、知識、技術の習得が必須であること、従来の生活が変革を迫られていることを自覚し始めたことと深くかかわっていると思う。

　教育を受ける側の意識の高まりが見られる中で、供給側の問題はあまりにも多い。校舎建設、カリキュラム、教材整備、教師養成、平等な教育予算配分など、困難な問題は山積しているが、これらはすべて、現在まであまりにもなおざりにされてきた農村の貧困削減対策、社会的基盤の整備と並行して行なわなければならない。

　そして、特に重要な問題として挙げられるのが、初等教育の高い留年率、中途退学率である。特に1学年から2学年への進級率が極めて低調なことが、小学校全体の留年率を押し上げる結果となっている。そのため、5年間の義務教

育を卒業するために、1人平均10.3年の教育年数を要しているという［瀧田　前掲書: 29］。これは、生徒の進路、学校運営の効率に関して深刻な問題である。低学年次の進級率の落ち込みの原因解明と対策、進級試験と実際の授業とのギャップ解明などが大きな課題となっている。この問題に関連して、生徒に深い興味を抱かせるような、実情に合ったカリキュラムの内容編成も望まれる。

　さらに、初等教育からラオス語使用を義務付けて少数民族のラオ化を当然のようにしている教育の現状と、多民族、多文化国家という建前はどこに接点を見つけるのか、という重要な問題も残されている。

第7章　描かれた女性像

1. 寺院の壁画からジェンダーを読み取る

　タイのアユタヤ朝時代（1350〜1767年）の寺院壁画に描かれた画像からジェンダーの歴史を探索しようと試みた、シリサンバンとゴードンによる示唆に富んだ研究がある。歴代の王族や戦争についての年代記は存在するものの、往時のタイ女性の生活について語った書物が皆無に等しい現状を嘆いて、残存する壁画の分析を行なうことによって伝統的なジェンダー役割の変遷を読み取ろうとしたのである。そのために使われた壁画は22枚である。［Sirisambhand & Gordon 2004: 253-286］

　まず、ほとんどの壁画に共通に見られる点は、ジェンダーよりも階級の差を明瞭に区別していることにある。最上部には、仏陀をはじめ神性をそなえた人々が、その下に王族、貴族、僧侶が描かれ、底辺部に一般民衆の姿が描かれる。その背景、衣服、装飾品は、壁面の物理的な上下の差に比例して、豪華絢爛から貧弱へと段階的に移り、民衆は時にはほとんど裸体である。そして、描かれた上下関係の差が、そのまま壁画の破損程度の差となる。つまり、底辺部ほど、湿気を受けやすく、人々の触れる機会も多いため、破損がひどくなる。

　描かれている場面は、その制作された時点での宗教的、政治的、道徳的意図に沿って、高い地位を占める人々はそれぞれに課せられた役割を厳密に果たすお手本的な存在であり、底辺の一般庶民になればなるほど機能的ではなくなり、より多くのジェンダー役割を分担しているのが窺われる。つまり、労働量が多

ければ多いほど、いや貧しければ貧しいほど、男女の役割分担は多様になると言えよう。

　現在も見られる典型的な情景は、男性が家を建て、女性が食べ物を用意している図である。力仕事は男、炊事は女という伝統的な役割分業は営々と受け継がれて、今日に及んでいるが、壁画の中には意外な発見もあった。それは、タイでは男性の仕事とされてきた象使いや焼き物作りに従事したり、高貴な地位の女性の乗った台座をかついだりしている女性が描かれていることである。また、逆に女性の仕事とされてきた米搗きを男性が女性と一緒に行なっている図も見られる。しかし、この男性は女性と軽口をたたきたくて仲間入りしたという感じであるが。

　ラオスでもタイでも、食料や日用品の市場は圧倒的に女性の支配領域である。壁画にも子守りをしながら物売りをする女性が描かれているが、ここはいかにもタイらしく、路上の行商と並んで、小舟を巧みにあやつって水上で商いをする女性が登場する。子育てという私的領域と経済活動という公的領域を同時に行なうのが女性たちの生き方となってきたのである。そして、こうして育てられた子供たちも、幼い時から母の仕事を手伝っているうちに商いを学ぶ。この光景は、タイの女性にとってばかりでなく、ラオスの女性にとっても、きわめて日常的な姿である。男性の行商する姿も描かれてはいるが、これは中国人であって、タイ男性の姿は皆無である。

　きらびやかな装身具と衣裳を身につけて踊る美しい女性たちの姿は、宗教の相違を超えて、宗教画にはよく描かれているが、仏教寺院の壁画、装飾画にとっても不可欠のテーマである。

　宗教的儀式の一部として、また王族や貴族のための余興として、女性は踊ったばかりでなく、さまざまな楽器を演奏し、男性に伍してオーケストラも編成したようである。また、男性も女性とともに舞踊をする場合もあるが、これは舞踊というよりもむしろアクロバット的な要素が重要となる。

　男性に関しては、戦闘、アクロバット、舞踊、物資の運搬、牛飼い、漁業、穴掘り、木登り、建築等に従事する姿が生き生きと描かれているが、そこに表象された役割分担も、現代とほとんど変わってはいない。

　女性に言い寄ろうと努力する男性のユーモラスな場面がある一方で、実際は

犠牲者なのに、不道徳な行ないをしたという理由で罰を受ける女性も描かれる。しかし、その不道徳な行ないを暴力で強制した男性が女性の処刑者になっている矛盾をどう解釈したらいいのだろう。

　これは、4枚続きの絵によって表されている。(1) 4人の兵士が宮廷に押し入り、そこに仕える2人の女性を無理に連れ去る。(2) 略奪された女性は、兵士に強姦される。(3) 2人の女性は、兵士に連れ去られ、(4) 宮殿の屋根に結ばれた籠に入れられて、空中に引き上げられるという処刑を受ける。そして、最後の絵には、「処刑者は加害者と同一兵士か？」という疑問符の付いた文が添えられている。最初の略奪者も、最後の場面の処刑者も共に同じように描かれた4人の兵士であるが、同一人物かどうかは判然としない。[ibid.: 278-279]

　女性は男性より卑しく、劣った、意のままにできる物である、とする意識が深く内面化された背景が、社会の、特にエリート社会の確固とした土台になっていたから、このような矛盾に満ちた話も何ら矛盾とは考えられなかったのであろうか。

　アユタヤ朝美術には、悟りを開くために子供も妻も他人に与えた行為を賛美するヴェサンタラ・ジャータカ*の壁画がしばしば見られる。そこでは、女性は（子供も含めて）男性によって物のようにやりとりされている。

　結婚を通して、富や地位、政治的権益を獲得しようと図るエリート社会では、一夫多妻制度のもと、少数の女性たちは男性社会の手段に利用されたが、大部分の農民女性は、それとは全く切り離された自給自足の農村に生きて、労働に明け暮れたことであろう。しかし、上記のアユタヤ朝の壁画に描かれている女性は、農耕に従事する姿ではなく大部分が都市部の庶民である。

　壁画分析に着手した研究者の当初のテーマ「女性の地位の変容」に対して、この作業はほとんど解答を与えてくれなかったようだ。それほど、ジェンダー役割は変容していなかったからである。また、タイやラオスの人々の生存を支えてきた稲作の様子がほとんど壁画に表されていない。殊に残存するアユタヤ朝の壁画には皆無である。それは勿論、アユタヤ朝が、絢爛豪華な住空間の外側の田畑で働く女性の姿には関心がなかったということであろう。

---

*　ジャータカとは、仏陀が悟る以前に他の人間あるいは動物の姿で行なった善行を描いた仏教的教訓物語。そのうちの1つでヴェサンタラ王子が登場するジャータカは特に人気があった。

城壁外側の市井の庶民は、男女ともに身軽な服装で、馬や象に乗った人々の通り過ぎる往来を自由に出歩き、物を売り、買い、世間話をし、人をからかったり、喧嘩したりもする。身分の高い女性は娘や使用人を連れて通りに繰り出すが、若い女性たちは通行人の男性に気をとられている。

　そもそもアユタヤ朝は、王の独占事業であった国際貿易によって繁栄した、ほんの一部のエリート社会であって、庶民・農民はその華麗な文化とは何の関係もなく、労働に明け暮れ、天災や病魔にも無防備な一生を送ったのであろう。そういう人々は、自分たちの日常を伝える記録を残すことなど不可能であったはずである。

　大部分の人口を構成したはずの農民は、雨頼みの水田耕作をして、生きるための労働に汲々としていた、そして、それは壁画のテーマにさえなれなかった、ということであろう。

2. 物語に見る女性像

(1) 民話の語る理想の妻

　壁画から女性の歴史を探るのも1つの手段ではあるが、庶民の間で語り継がれている民話からも人々の偽らぬ本音を知ることができるのではなかろうか。

　タイの民話に、良妻、悪妻を対比させた物語、「魔法の鐘」という話があるので、ここに紹介したい [Velder 2003: 109-114]。これは、女性に対する男性の偽らぬ願望なのであろう。

　ある村に夫婦が住んでいた。妻は、夫を敬い、愛し、従順に尽くした。夫の言うことには何でも同意し、その通りにした。ある日、夫は、村の池の水を汲み出して、底にあるかもしれない金銀財宝を見つけることを提案した。2人は、早朝に満々と水をたたえた池に出かけた。妻は夫の言葉に従い、休むことなく一心に柄杓で水を汲み出した。しかし、夫は休んでいて、時々手伝うだけだった。突然、鳥の群れが飛んできたので、夫が「見ろよ、白い鳥だ」と言うと、妻は「あなたがそう思うなら、白い鳥ですわ」と答えた。次に白鷺の群が飛ん

できたので、夫は「見ろよ、黒い鷺だ」と言うと、妻は「あなたがそう思うなら黒い鷺ですわ」と答えた。

夕暮れがせまると、神の使いが降りてきて、夫婦に魔法の鐘を差し出してこう言った。「お前たちの願いを込めて、この鐘を打つと、願いは叶う、ただし3度までだから気をつけるように」

夫がその鐘を妻に持たせようとすると、妻は「あなたが家の長なのですから、持っていて下さい」と言って、けっして手を出さなかった。帰宅すると、妻は夫に水浴びをさせ、夕食を食べさせてから、願いを込めて鐘を打つようにすすめた。

最初に、金銀、牛、水牛、象、馬がほしいと願って鐘を打つと、家の中はそれらでいっぱいになった。次に、家がほしいを願ったので、2人は豪華で心地よい家に住むことになった。最後に、夫は、多くの召使がほしいと願って鐘を打ったので、2人は裕福で楽な暮らしができるようになった。

一方、夫の友人が遠く離れた村に住んでいたが、妻はいつも夫に不満で、2人が争わない日はなかった。友人は、急に豊かになった夫婦の話を聞いて、急いでその理由を聞きに来た。義理堅い夫はすべてを打ち明けて、詳しく説明した。

話を聞いた友人は、教えてもらったままに、妻に、村の池の水を汲み出して、宝探しをすることを提案すると、妻はその馬鹿さ加減を罵って怒りに震えた。それでも、やっとの思いで妻を連れ出し、2人で水汲みを始めたが、暑さと空腹に妻の罵声は留まることがなかった。

そこに烏の群が飛んできたので、夫はすかさず「白い烏だ」と叫び、白鷺の群が飛んでくると「黒い鷺だ」と叫んだ。妻は怒りに怒って、夫を罵り続けた。神の使いはこの夫婦を見て当惑したが、贈り物をすれば仲むつまじくなるかもしれないと考え、魔法の鐘を与えることにした。

夫は家長である自分が鐘を持つと言ったが、妻は譲らず自分が持って家に帰った。急いで食事を済ませると、2人は同時に鐘に飛びつき、我先に打とうとした。妻の方は、夫が若く美しい新しい妻をほしいと願うのを恐れ、夫の方は、妻が頼りがいのある美男の新しい夫をほしいと願うのではないかと疑った。さんざん争った後、ついに妻が「お前さんの首がもう少し長かったら、もっと見

栄えがよくなると思うから、そう願ってごらんよ」と言った。夫はなるほどと納得して、鐘を打って願うと、首はどんどん長くなり、頭が天井につかえそうになった。夫は慌てて首が短くなりますようにと願って鐘を打ったので、首はどんどん短くなり、肩に埋まるほどになり、以前より醜くなった。そこで慌てて元通りの首になることを願って3度目の鐘を打ったので、願いは叶ったが、それで終わりとなった。それで、2人は、何事もなかったように、貧乏な暮らしを続けるしかなかった。

　模範的な良き妻は、夫に無条件に従順で、何事にも不平を言わず、よく働く。夫がどんなに愚かなことを考えたり言ったりしても、それを批判したり怒ったりはしない。夫がどんな命令をしても、従順に従って、その通りに実行する。命令しただけで、夫はたとえ休んでいても、妻は労働し続ける。
　貝原益軒も、1710年、後の「女大学」の下敷きになった「女子を教ゆる法」の中で、こう述べている。

　　……夫をまことに主君と思いて、うやまいつつしみてつかうべし。軽しめあなどるべからず。やわらぎしたがいて、其の心にたがうべからず。凡そ婦人の道は、人にしたがうにあり。……夫もしいかりせむる事あらば、おそれてしたがうべし。いかりあらそいて其の心に逆うべからず。それ婦人は夫を以って天とす。夫をあなどる事、かえすがえすあるべからず。……つねに夫をうやまいおそれて、つつしみつかうべし。夫にいやしめられ、せめらるるは、わが心より出でたるはじ也。［石川松太郎 1994: 18-19］

　時間と空間の差異を超えて、男たちは、事実と道理に目をそむけ、ひたすら自分を強く大きく見せるために、女性を下に下に、小さく小さく置きたかったのだろうか。その男たちの夢想に答えてくれる女性が、理想の妻だったのであろう。この理想的女性の究極の姿が、次章に紹介する「ジャータカ物語」に説かれている。

(2)「ジャータカ」に見る女性像

「ジャータカ」は釈尊の前世において菩薩[*]であったときの善行を述べた説教物語集で、およそ550話よりなる。説話の背景にある上座仏教はラオスでも特にラオ・ルムの人たちに広く信仰され、タイ人と共通の倫理、世界観を形成してきた。

「ヴェサンタラ・ジャータカ」は、ジャータカの中でも、アユタヤ時代から現在に至るまでタイでもっともポピュラーな物語の1つであって、広く絵画、彫刻の題材となってきた。

前記のシリサンバンらの研究にも、トンブリのワット・マイテプニットの18世紀に描かれた、装飾的な美しい壁画の写真が見えるが、その説明は、「所有物としての女性、ヴェサンドン（またはヴェサンタラ）王子が妻を（バラモンに）与える」と記されている。[Sirisambhand & Gordon *op.cit.*: 280] ジャータカ物語の中では、女性は、子供も含めて、男性がどのように扱っても許される持ち物か財産のように描かれているからである。

物語は、以下のように展開する。

釈尊は、前世の最後の姿として、シピ王国のソンチャイ王とプサデ女王の間に、ヴェサンタラ王子として生まれた。彼の人生の使命は、人にひたすら与えることによって、世俗の欲望を断ち切り、煩悩を脱して、仏として生まれ変わることだけを祈り続ける、最高の徳を備えた菩提薩埵（菩薩）になりきることだった。16歳でマディ姫と結婚し、息子チャリー、娘ガナーをもうけたヴェサンタラは、若くしてその寛容さで知られていたが、ある日、王国の貴重な宝として大切にしていた白象を、覇を競い合うガリンカ国に与えてしまった。

この行ないは人民の激しい怒りを買い、父王は彼を追放せざるをえなかった。ヴェサンタラは森で隠遁生活をすることになり、すべての持ち物を人々に分け与えてしまった。忠実な妻、マディは、2人の子供を伴って彼に同行した。

ここで話は、ガリンカの町の醜く狡猾なバラモンの老人、ジュージャカのことに移る。彼は、ある夫婦に貸した金を相殺するために、その夫婦の美しい娘

---

[*] 菩薩（菩提薩埵）。梵語で成道以前の釈迦牟尼、および前世の釈迦をさして言う。また、悟りを求めて修行をすると同時に、衆生を導き、仏道を成就させようとする行者の意もある。

第7章　描かれた女性像　131

ヴェサンタラが通行人に妻を与える図 [Sirisambhand & Gordon 2004: 280]

　アミタダを妻としてもらいうけた。彼女は、親の借金救済のために、自分の運命を素直に受け容れて、ジュージャカに尽くす。妻としてのアミタダの貞淑、かつ勤勉な働きぶりに近隣の男性は感動し、自分たちの妻を怠惰として非難し、撲打した。これに対し、妻たちは、夫への抵抗をアミタダに向け、彼女を打ったり、その模範的な奉仕ぶりを罵ったりした。いたたまれなくなったアミタダは、夫に、寛容なヴェサンタラの子供を奴隷としてもらいうけてくるように頼む。
　面白いのは、近隣の女たちが、美しく貞淑なアミタダの従順ぶりを、からかい、怒り、棒切れや台所用具あるいは農具などをふりあげて、井戸水を汲むアミタダを襲う壁画のあることだ [ibid.: 281]。興奮のあまり、戸口でひっくり返っている女もいるユーモラスな絵で、自由奔放な女性たちのエネルギーがみなぎる。醜く老いた夫に金で買われた女の、完全無比な主婦モデルぶりへの反発であろうか。
　マディの留守を狙って、ジュージャカは2人の子供をもらう。泣き叫ぶ子供たちを引きずっていくジュージャカを見て、ヴェサンタラは悲しみと怒りにふるえるが、来世の救済を求める心が打ち克つ。これを知ったマディは、絶望に

アミタダの従順ぶりを責める女たち [*ibid.*: 281]

打ちひしがれながらも、夫の功徳のためとして受け入れる。

　そしてついに、ヴェサンタラは、通りがかりの老いたバラモンの請うままに妻をも与えてしまう。このバラモンは、ヴェサンタラが妻までも他人に与えるのを止めようとしてやってきたインドラ神の仮の姿だった。インドラは真実の姿を現し、神々とともに、ヴェサンタラの無私の善行と、マディの、夫の行ないに対する無条件の支援を賛美するのだった。

　一方、ジュージャカはガリンカに帰る途中、シピの国を通りかかり、ここでソンチャイ王の申し出に応じて、金を受け取って子供たちを解放する。ソンチャイは、さらに宮殿を建て、召使を付け、馳走でもてなしたが、貪欲なジュージャカは、食べ物を喉に詰まらせて死んでしまう。

　やがて、隣国から白象は返され、ヴェサンタラとマディも城に帰り、ハッピーエンドとなる。[Satha-Anand 1997: 251-253]

　この物語の中で賛美されている理想の妻は、第1に夫に無条件に従順であること、第2に、夫の目的遂行のためには無私を貫き、全面的に協力することに徹していることである。女性はこの2点によって自己実現を果たすことができる、とする。物語の後半から、アミタダはこの理想から外れ、間接的には夫の

死を招くに至るが、マディは完全無欠な女性像として描かれる。夫は、妻をも通行人に与えることによって、インドラに賛美される菩薩となり、マディは夫の願いを我が願いとして、通行人に与えられる「物」にもなろうとして賛美される。夫は菩薩として一筋に成仏を願うことで賛美され、彼女は夫の願いの実現に奉仕、協力することで賛美されるが、菩薩ではなく、菩薩の妻であるにすぎない。

　上記のように、ヴェサンタラとマディの行ない、アミタダの親の困窮を救うための奉仕などが、賛美され、繰り返し壁画の題材になっていることから、アユタヤ朝においてはこれらの価値観が広く受け入れられ、道徳的な行ないとして実践されていたと考えられる。

　そして、この物語が現在にいたっても人気がある理由は、マディの行ないが、こう解釈されているからだろう。――女性は、自らの願いを抑え、自己主張することなく、男性の願いを自分の願いとしてその実現を支え、助けることによって、功徳を積むことが可能である、と。

　ここで特に注意したいのは、ヴェサンタラは王子としての持ち物をすべて投げ打って妻子とともに山の中に隠棲したが、マディは毎日家族を養うために、終日森に出かけては食べ物を探し採集することである。ああ、ここでも、女性は「家族を養う」役割を負って、終日山中を歩き回る。それは、今もなお大半のラオスの女たちがしていることではないか。

　ところが、彼女の留守中、ジュージャカに 2 人の子供を与えてしまったヴェサンタラは、夕方帰ってきて子供の所在を追求する妻にこう言う。

　　今朝、ここを出る前は、泣くふりをし
　　山にいては、私らのことを忘れ
　　帰ってくれば子供がいないと騒ぐ
　　女の複雑な気持ちは不可解だ
　　本当に子供が愛しいのなら
　　なぜ急いで帰ってこなかったのか
　　……
　　城にいるときこんなことをすれば

右手で汝を2つに切ろうものを

　　[*ibid.*: 246]

　妻の留守中に「自分の子供より自分の悟りを開くことが千倍も大切」だとして、子供が人に渡された妻の悲しみをそらすためとはいえ、これは人格を疑いたくなる言葉ではないか。自分も食べるはずの食べ物を集めていた妻を、家族のことを忘れて早く帰らなかったと言って、責める。働く妻の帰りが遅いといって責める、現代の共働き家族をも髣髴とさせる。立腹すれば「妻を切る」という言葉の中にも、女は男が意のままにできる所有物であるという考えが如実に表れている。

　時代は移ったが、女性の役割にあまり変化はなかったようだ。男性に従順に、男性の願いを我が願いとして、その実現のためには自己犠牲をいとわず、しかし一方では家族を養う能力を備え、また托鉢に応じるなどして僧侶に尽くすことによって自己の来世の救済を願う。それが女性のあるべき姿とされる。

　ちなみに、ルアンパバーンで見た伝統的な舞踊劇のあらすじも、妻を与える話だった。

　ウィラウは、メルー山（須弥山）の頂上に住むパクインを敬い、四方拝を行なっていると、同じくここに住むトカゲのカプールに邪魔をされる。ウィラウはトカゲに向かって魔法の首飾りを投げつけるが、それは、図らずもメルー山を破壊してしまった。驚いたウィラウは、素早く逃げる。

　眠りから覚めてこれに気づいたパクインは、山の修復を果たした者には何でも望むものを与えると宣言する。

　トッサカンが現れ、四方の神々に祈りを捧げ、力を振り絞って、崩れた山を元通りにすると、パクインの美しい妻ナン・ウマを褒美として望む。困惑したパクインは、妻のかわりに4人の美女を与えようとするが、トッサカンは断固として譲歩しない。ついに、パクインは、悲しみながらもナン・ウマをトッサカンとともに送り出す、というところで、舞踊劇は終わる。

　これは「ラーマーヤナ」のタイ版「ラマキエン」を基にしたものである。トッサカンとは、「ラーマーヤナ」では魔王ラーヴァナである。

(3) 女性は常に忍従したか

　ラオスやタイ東北地方に伝わる伝承文学を調べると、次のような特徴に気が付く。多くは転生輪廻の思想に貫かれているので、主人公は天上に住むインドラ神の息子で、ある使命を帯びて、しばしば動物の姿でこの世に生まれてくる。英雄の冒険には一夫多妻制がつきものであるため、妻の間の嫉妬、権謀術策が渦巻く。その結果、主人公は母親とともに追放され、それが壮大な冒険物語の発端となる。

　実際、王子や貴族たちが独立して一国の支配者になるためには、既存の地方の有力者と姻戚関係を結ぶことによって、その一族に受け入れられ、権威や特権を獲得しつつ有利な縁戚関係のネットワークの拡大に努めることが重要であった。また同時に、その王子たちも自らの娘を有力者のもとに送り込むことによって、有利な縁戚関係を結んでいった。こうして、人数には制限なく、一夫多妻制がごく普通の習慣として行なわれていたと思われる。

　17世紀に成立した、ラオス文学の傑作とされる、叙事詩「シンサイ」も、上記の類型的要素を基調にしている。物語の概要は以下のようである。

　かつて、クートサラ王の治める、美しく、平和で豊かなペンチャンと呼ばれる王国があった。彼は、王妃チャンタと、この上もなく美しい妹のスムンタと共に、何の憂いもなく幸せな日々を送っていた。しかし、ある日突然、この平穏はあえなく壊された。妹スムンタが、彼女を恋する孤独な魔王、アノラ王国のクムファンに略奪され、行方知れずになったのである。

　悲しみにくれたクートサラは、国事を妃チャンタに託し、出家して、妹探索の旅に出た。しかし、彼は、旅先で会ったある富豪の、美しい7人の姉妹すべてに魅了され、優劣つけ難く1度に7人の女性と結婚することにした。それで、王国に帰ったクートサラは計8人の妻と暮らすことになったが、妃たちが王子を産み、その王子たちがスムンタ救済を果たすことを願う。王の願いを切実に我が願いとして、天上の神々の王インドラに王子出産を真摯に祈ったのは、チャンタと一番若いナン・ルン・パトゥマであった。2人の真剣な祈りを知ったインドラ神は、3人の息子たちに、人間界に生まれて使命を果たすように指示する。

　8人の王妃は、同日にそれぞれ王子を出産したが、チャンタには金の牙をつ

けた象が、ルン・パトゥマには双子——弓矢を握ったみめうるわしい男児とかたつむりが生まれた。一方、普通の男児を生んだ他の6人の妃は、密かに共謀して、クートサラ王が精神的に動揺するような魔法の薬を飲ませたので、王は怒り心頭に達して、チャンタとルンをそれぞれの子供とともに王国から追放する。

　森の中を彷徨って途方に暮れていた2組の母子は、インドラの加護によって救われ、森の奥深くに現れた宮殿に住む。男の子はシンサイ、かたつむりの子はサントン、象の子はシホと名づけられ、ガルーダなど神性を帯びた者たちを師とし、友として、教育を受け、武術の鍛錬に励む。

　やがて、シンサイ、サントン、シホは、力を合わせてアノラ王国のクムファンを征伐し、叔母にあたるスムンタを救済する冒険に出る。自由奔放に不可思議な魔術を駆使して、射ても切っても復活し、幻惑して、彼らを悩ます魔王との凄惨な闘いの場面が繰り広げられる。

　しかし、ここで注目したいのは、略奪されたとはいえ、孤独な、実は心優しい魔王の妻として暮らしてきたスムンタの日々の生活の中から培われた、夫に対する愛情が描かれていることである。シンサイ一行がその居城に忍び込み、熟睡中のクムファンを討とうとして、スムンタに城を抜け出させようとすると、彼女は忘れ物にかこつけて引き返し、夫を目覚めさせようとする。最初はショールを忘れたといって引き返し、次にはヘアピンを取りに帰り、次いでヘアピースを取りに行って、その度に夫を揺すって起こそうとしたが、彼は眠り続けた。ついにスムンタは急ぐシンサイたちに促されて、安全な場所にかくまわれるが、その間も、優しかった夫、住み慣れた城を思って涙にくれ、密かに魔王の勝利を祈っている。そして、凄絶な戦いの後、ついにクムファンの命が尽きたとき、スムンタは号泣しながらも、雄々しく弔いの準備をする。

　私の知るかぎりでは、犠牲者の女性がこれほどまでに自らの略奪者に対する愛情を主張している話は初めてである。

　これは、ラーマーヤナの物語中、魔王ラーヴァナに攫われ、14年間囚われの身となっていた、ラーマの妻シータが、夫に対する潔白を証明するため、火の中を歩む場面に比較すれば、いかにも人間的である。

　スムンタは、略奪された女性は運命に忍従し、犠牲者であり続け、救いの手

を待ち続けるという前提に疑問を投げかける。シンサイとクムファンとの闘いは、必ずしも勧善懲悪の正義の闘いではなくなり、純粋な、男女の愛の犠牲を強いた闘いになる。

　タイでは、叙事詩「ラーマーヤナ」は「ラマキエン」とされ、主人公ラーマはラム、巨人ラーヴァナはトッサカン、ラーマの妻シータはシーダと呼ばれている。トッサカンは、ラムの妻シーダの美しさに惹かれて彼女を誘拐する。そして、ラムのシーダ奪回の冒険物語が「ラマキエン」で、その幻想的な物語の展開を描いた壁画が、バンコクのワット・プラケオの通路側壁を飾っている。
　この物語を下敷きにして、世の常識にそむいてトッサカンと積極的に結婚したシーダの日常を描いたタイの女性作家、シー・ダオルアンがいる。
　彼女の短編小説シリーズ「魔王に嫁して」では、シーダは、神の子の化身としての気高く強い、理想のヒーロー、ラムと結婚するのではなく、いかにも人間的なトッサカンと結婚する。彼は、粗野で、怒りっぽく、間違いの多い、強がりの、頑固な男だが、また、繊細さをも併せ持ち、人間的な弱み、愚直、悲哀を隠さない。一人息子は、テレビで日本製のアニメに夢中になっているが、その名はハヌマーン。ラムのトッサカン征伐を助ける猿の王の名である。トッサカンはサラリーマンとなり、シーダは家事全般をこなしながら、菓子を作って売ったり、服の仕立てをしたりして家計を助ける。友人に会うといって出かけたトッサカンの忘れていった手帳の、その日の予定欄に、「モントの誕生日」と書いてあるのを見て、シーダはひそかに自らの疑心と闘う。モントとは、「ラマキエン」の物語中ではトッサカンの第1妃であるから、筆者の巧みな構成と遊び心が窺える。時には、夫、父親としての役割から抜け出して、精悍な若者であった頃の自由奔放な夢を追ってみるトッサカンであるが、結局は、帰宅を急いで、妻の草取りや内職の仕事を手伝う。この大魔王は、近隣の住人や、腕白な少年たちの行動に立腹し、騒動に巻き込まれつつも、愛するシーダの掌中を巡るしかないし、それがもっとも心安らぐ幸せなのだ。バンコクのどこにでもいるような平凡な家族の、貧しいが心満ち足りて暮らす生活が軽妙に描かれている。[Daoruang 2004: 31-104]
　また、シー・ダオルアンは、前述した「ジャータカ物語」の従順、奉仕一途

の女性モデル、マディについて、こんな物語を書いて物議をかもした。

　現代のマディは、夫に捨てられた19歳の憔悴しきった女である。彼女は、バスの停留所に2人の子供を遺棄した罪で逮捕される。何たる女、と驚愕する警官に彼女は言う。「子供を誰かにあげて、私は寺に行きたかったの」。母親と寺に行った子供時代の幸せな思い出が蘇る。「寺で何をするつもりなのだ」「瞑想」「子供を捨てて、寺で瞑想したいなどとは何事だ」「どうして？　ヴェサンタラはそうしたじゃないの」。彼女の言葉に動顛した警官は、マディを精神病院に送る。［Kepner 2004: 124-125］

　90年代初頭、シー・ダオルアンは、何世紀にもわたって賞賛され続けた男女の役割を反転させて、物語中の警官ばかりか、現代の社会にもショックを与えたのである。この作品集は文学賞は逸したが、受賞の候補に上がっていたというから、タイ社会にはこのような物語を痛快な思いで読む人々も多いと考えていいだろう。

　17世紀のラオスの物語にも、現代のタイにも、無力で個性のない犠牲者の典型にはまらなかった、かつての略奪者である、魔性の夫を、主体的に愛している女性が描かれているのを発見して、爽快な思いがする。

　また、高徳無私として賞賛されてきた行為の本質が、行為者を女性にすることによって、いかなる姿、価値観を露呈するか、そのからくりの偽善をはいで見せてくれた。実際の女性は、男性の作者が理想として描く、忍従、従順ばかりに生きたわけではない、タイやラオスの、現代女性たちの積極的な働きぶりを見ると、実像はまた別であった例も多かったのであろう。

3. ラオス文学の考察

(1) ラオス現代文学の特質

　ラーンサーン王朝時代の17世紀、在位57年におよんだスリヤウォンサ王の統治の下で、王国は商人の往来もさかんになり、平和と繁栄を享受した。王は、宗教や芸術の振興に力をそそいだので、ラオス文学は黄金期を迎えていたと言われる。この時代に多くの口承文学が集大成され、翻案小説、長編散文物語、

叙事詩などが書かれた。前述の「シンサイ」もこのとき書かれたと伝えられている。

　それ以後、ラーンサーン王国は3王国に分裂し、ビルマやタイの侵略を受けて、文学も衰退の一途をたどった。19世紀、ヴィエンチャン王国のチャオ・アヌウォン王はかつての栄光を取り戻すべくシャムに戦いを挑んだが叶わず、逆に1826年から28年にかけてヴィエンチャンはシャム軍に徹底的に破壊された。チャオ・アヌウォン王はバンコクではずかしめを受けた上、刑死し、多数の文学者や知識人、工芸家、技術者がシャムに連れ去られた。現在バンコクのワット・プラケオに鎮座するエメラルド仏は、この時ヴィエンチャンから奪い去られたものである。この戦いにおける屈辱が、その後ラオス人の間にタイに対する深い不信と怨念を抱かせることになったと言われる。

　フランス植民地時代になると、ラオスの王族やエリートの教育はフランス語でなされたため、彼らはフランス文学に親しむようになった。したがって、ラオスの現代文学は、当初、フランス語でフランスの様式を真似て書かれていた。

　最初にラオス語で書かれた現代小説は、1944年に出版された「聖なる釈迦の像」と言われる("Sacred Buddha Image" by Phra Phoutthahoup Saksit)。40年代には、ラオス語の使用、ラオ文化の推進が強調されたが、その背後には、植民地政府の、ラオスに対するタイの影響力を牽制しようとする政治的意図があった。

　王国政府下の出版物は基本的にはヴィエンチャンが中心となっていたが、当時もっともインパクトの大きかった文学作品は、フランスとタイの文学だった。エリート階層は依然としてフランス語を学んで、フランス文学を愛好し、タイ語はラオス語に類似するため理解し易いので、タイ文学もさかんに読まれた。実際、1960年代、ヴィエンチャンには本屋は2軒存在しただけで、1軒は主にタイの出版物を、もう1軒はフランス語の出版物を主に売っていた。

　50年代になると文学的な作品を掲載する、2、3種類のラオス語による雑誌が出されるようになり、1960年代半ばまでには、新聞、雑誌に短編小説が定期的に掲載されると同時に、小説の単行本も出版された。後に紹介するウティン・ブンニャウォンも、その当時活躍した作家の1人だった。ようやく、ラオス語の文学雑誌の出版が可能になるだけの書き手と読者が存在するまでになっていた。

1975年12月、王国政府が崩壊に追い込まれ、現在の人民革命党による社会主義政権が全国を掌握、王制を廃止して、ラオス人民民主共和国が誕生した。これ以後のラオスの文学は、60年代から「革命文学」という名で政治的に利用されてきた文学の延長線上にあり、作家は大きく次のような3グループに分類できる。

　第1は、人民革命党が勝利に至るまで、解放区において革命の大儀名分を美化し、革命の英雄賛美を執筆した作者たちで、たとえば、スワントーン・ブッパーヌウォングなどである[*]。

　次のグループは、王国政府時代に既に文学界の重鎮として定評のあった書き手たちで、革命後も現政権に奉仕する形で執筆を続けた人々である。ウティン・ブンニャウォンもこの中に含まれる。

　3番目のグループは、比較的若い世代で、革命直前またはその直後に執筆活動を始めた人々である。

　しかし、ここに述べた3グループのいずれに属するかには関係なく、どの書き手にも共通することは、作家が国家に奉仕する公務員として働いてきたことである。革命後の10年間、大部分の作家は、国営印刷局で共産主義文学あるいは社会主義文学をラオス語に翻訳していた。彼らの大多数は政府出版の新聞や雑誌のための報告書を執筆し、物語執筆は彼らに課せられた義務のほんの一部でしかなかった。

　1980年代末期の旧ソビエト連合の崩壊にともなって、ラオス政府も「チンタナカーン・マイ(新思考)」という指針を導入。書き手たちも、自由化の時代に向かうという楽観的開放感に流されて、物語の形を借りてラオスの社会や文化についての批判的な考えを織り込んだ。

　しかし、この傾向はただちに政府の厳しい検閲、規制の対象となり、現在、作家たちは作品の中に政治分析、批判的要素を含めることを避けるようになった。そうでなければ、タイに原稿を送って出版を依頼したり、または全く筆を折ってしまったりするケースもある。[Koret 1999:17-23]

　1991年に発布された憲法の31条は、「法律に反しない限りにおいて、国民は、

---

* 　彼の長編小説「ムアン・プアンの姉妹」は和訳が出版されている[星野龍夫訳: 1993]。その結末も、国に奉仕する子供たちの姿を喜ぶ母の描写となっている。

言論、集会、結社、デモの自由を有する」［L'Assemblee Populaire Supreme *op.cit.*: 11］としているが、法律に反するか否かは人民革命党政府が決めるのである。

　かつて、副科学技術相であったトンソークは、市民の自由と民主主義を規制するとして政府を批判したため、1990年にその地位を退くことになった。副農林相であったラツァミーは、政治・経済組織を批判する文書を政府に送った。さらに、この2人は法務相だったフェンを加えて、民主主義を求める文書を発表、社会民主主義クラブを結成し、その集会で多数党政治の必要を強調した。そのため、彼ら民主3人組は、告訴なしに1992年11月まで拘留された挙句、弁護士を付けることも許されず、14年間の刑を宣告された。

　アムネスティー・インターナショナルによれば、3人のうち、トンソークは1998年、59歳で、過酷な扱いを受けた結果、死亡したと伝えられる。彼らを含む政治犯とされた人々が拘留されている場所は、ホアパン県のヴェトナムとの国境付近、またはソップハオの付近と推定されているが、真相は不明である。政府は固く口を閉ざしたまま、肯定も否定もしない。［Kremmer *op.cit.*: 116-117］（民主3人組の、あとの2人は、2005年11月に解放された）。

　この話について、革命後の再教育キャンプから無事に帰った男はこう言う。「鼠が象をやっつけられると思っちゃいけない。鼠は賢くなくっちゃ……」［*ibid.*: 117］

　次に述べる作家、ウティン・ブンニャウォンも、賢明な鼠になることに徹しながらも、作品の各所に真実や批判の要素を織り込む工夫を続けてきた、沈着で意志の強いラオス人作家と言えるであろう。

(2) ウティン・ブンニャウォンの場合

　ウティン・ブンニャウォンは、1942年、サイニャブリーに生まれた。その3年後の45年3月には、日本軍がラオスに進駐。9月には、ペッサラート副王兼首相、スパーヌヴォン殿下、プーマ殿下などがフランスのラオス復帰に反対して、「ラオ・イサラ」（自由ラオス）を結成した。ウティンの幼児期は、長期にわたる内戦の幕開けの胎動期にあたる。この時代に生まれた人々は、多かれ少なかれ歴史の触手から逃れることはできなかったように、彼の人生もまた、国の歴史の歩みとともに形成された。

ウティンは教育と雇用の機会の多いヴィエンチャンに住む親戚の家に送られ、フランス語で授業をするリセに入ったが、経済的な理由で勉学は中断せざるを得なかった。

　60年代から70年代にかけて、彼はさまざまな職業に従事した。たとえば、電気会社の事務員、「アメリカ情報サービス」の図書館員、ヴィエンチャン空港の滑走路工事をしていた日本企業の事務員などである。

　その間に創作活動に励み、短編小説や詩などを書き、60年代半ばに最初の短編集「人生は寸劇のようなもの」を2000部出版した。ヴィエンチャンで2軒だけ存在した本屋では、それぞれフランス語とタイ語の出版物を売っていた当時のことであるから、ラオス語の本は珍しかった。出版費用の捻出も販売も自分で行なわなければならず、彼は、街頭で売ったり、喫茶店やホテルに置かせてもらったりして、1000部ほどを売りさばいた。

　ウティンはやがて、ラオスで初めて出現したラオス語の文学を目指すグループに加わり、最も多産な書き手の1人、ドゥアンドゥアン・ウイラウォンと結婚した。

　60年代から70年代初頭にかけてのラオス社会では、かつてのフランスにかわって、アメリカの影響が強まり、特に首都ヴィエンチャンの物質主義的かつ退廃的雰囲気と貧窮の底に沈む地方の農民の生活とが対照的であった。王国政府の財政はもっぱらアメリカの援助に依存し、汚職がはびこって、ほんの一部の人々が豪華な生活を楽しんでいた。この時代の文学者は、文学が娯楽を提供するに留まらず、人間性を深く洞察し、社会批判を世に問う手段となりうることを自覚したが、ウティン・ブンニャウォンがこの頃書いた作品が「死の値段」「ディックとデン」である。

　75年の人民革命党政府成立によって、その後の彼の執筆生活の内容は大きく変わった。10年間は国営印刷局で働き、続いてモスクワの出版局に移り、英語とフランス語の文書をラオス語に翻訳した。その間、文学者に課せられた仕事として、革命兵士へのインタヴュー、彼らの人生の記録があったが、この結果は、ウティンが中心となってまとめて出版された。また、彼は、ラオスの文学と文化についての雑誌『ヴァンナシン』の刊行にもつくしたが、それは、ラオスの最も文芸的出版物として現在に至っている。[Koret 1999: 23-33]

言論、集会、結社、デモの自由を有する」〔L'Assemblee Populaire Supreme *op.cit.*: 11〕としているが、法律に反するか否かは人民革命党政府が決めるのである。

　かつて、副科学技術相であったトンソークは、市民の自由と民主主義を規制するとして政府を批判したため、1990年にその地位を退くことになった。副農林相であったラツァミーは、政治・経済組織を批判する文書を政府に送った。さらに、この2人は法務相だったフェンを加えて、民主主義を求める文書を発表、社会民主主義クラブを結成し、その集会で多数党政治の必要を強調した。そのため、彼ら民主3人組は、告訴なしに1992年11月まで拘留された挙句、弁護士を付けることも許されず、14年間の刑を宣告された。

　アムネスティー・インターナショナルによれば、3人のうち、トンソークは1998年、59歳で、過酷な扱いを受けた結果、死亡したと伝えられる。彼らを含む政治犯とされた人々が拘留されている場所は、ホアパン県のベトナムとの国境付近、またはソップハオの付近と推定されているが、真相は不明である。政府は固く口を閉ざしたまま、肯定も否定もしない。〔Kremmer *op.cit.*: 116-117〕（民主3人組の、あとの2人は、2005年11月に解放された）。

　この話について、革命後の再教育キャンプから無事に帰った男はこう言う。「鼠が象をやっつけられると思っちゃいけない。鼠は賢くなくっちゃ……」〔*ibid.*: 117〕

　次に述べる作家、ウティン・ブンニャウォンも、賢明な鼠になることに徹しながらも、作品の各所に真実や批判の要素を織り込む工夫を続けてきた、沈着で意志の強いラオス人作家と言えるであろう。

(2) ウティン・ブンニャウォンの場合

　ウティン・ブンニャウォンは、1942年、サイニャブリーに生まれた。その3年後の45年3月には、日本軍がラオスに進駐。9月には、ペッサラート副王兼首相、スパーヌヴォン殿下、プーマ殿下などがフランスのラオス復帰に反対して、「ラオ・イサラ」（自由ラオス）を結成した。ウティンの幼児期は、長期にわたる内戦の幕開けの胎動期にあたる。この時代に生まれた人々は、多かれ少なかれ歴史の触手から逃れることはできなかったように、彼の人生もまた、国の歴史の歩みとともに形成された。

ウティンは教育と雇用の機会の多いヴィエンチャンに住む親戚の家に送られ、フランス語で授業をするリセに入ったが、経済的な理由で勉学は中断せざるを得なかった。

　60年代から70年代にかけて、彼はさまざまな職業に従事した。たとえば、電気会社の事務員、「アメリカ情報サービス」の図書館員、ヴィエンチャン空港の滑走路工事をしていた日本企業の事務員などである。

　その間に創作活動に励み、短編小説や詩などを書き、60年代半ばに最初の短編集「人生は寸劇のようなもの」を2000部出版した。ヴィエンチャンで2軒だけ存在した本屋では、それぞれフランス語とタイ語の出版物を売っていた当時のことであるから、ラオス語の本は珍しかった。出版費用の捻出も販売も自分で行なわなければならず、彼は、街頭で売ったり、喫茶店やホテルに置かせてもらったりして、1000部ほどを売りさばいた。

　ウティンはやがて、ラオスで初めて出現したラオス語の文学を目指すグループに加わり、最も多産な書き手の1人、ドゥアンドゥアン・ウイラウォンと結婚した。

　60年代から70年代初頭にかけてのラオス社会では、かつてのフランスにかわって、アメリカの影響が強まり、特に首都ヴィエンチャンの物質主義的かつ退廃的雰囲気と貧困の底に沈む地方の農民の生活とが対照的であった。王国政府の財政はもっぱらアメリカの援助に依存し、汚職がはびこって、ほんの一部の人々が豪華な生活を楽しんでいた。この時代の文学者は、文学が娯楽を提供するに留まらず、人間性を深く洞察し、社会批判を世に問う手段となりうることを自覚したが、ウティン・ブンニャウォンがこの頃書いた作品が「死の値段」「ディックとデン」である。

　75年の人民革命党政府成立によって、その後の彼の執筆生活の内容は大きく変わった。10年間は国営印刷局で働き、続いてモスクワの出版局に移り、英語とフランス語の文書をラオス語に翻訳した。その間、文学者に課せられた仕事として、革命兵士へのインタヴュー、彼らの人生の記録があったが、この結果は、ウティンが中心となってまとめて出版された。また、彼は、ラオスの文学と文化についての雑誌『ヴァンナシン』の刊行にもつくしたが、それは、ラオスの最も文芸的出版物として現在に至っている。[Koret 1999: 23-33]

現在の政権が樹立された後、ラオスの人口の10％にのぼる人々、特に教育レベルの高い人々、専門職の人々が国外に逃れたが、彼はラオスに留まって執筆を続けた。革命政権のために、共産イデオロギー、革命戦士、革命協力者などの賛美・宣伝を本意でなく書かされたことは想像できる。しかし、彼は淡々と誠実にこの仕事をこなしたのであろう。「美しい人」「貢献」などは、あきらかに革命美化の教訓物語ではあるが、そこに人間の心情に対する深い思いやり、暖かい善意に満ちた描写があって、心を打つ作品となっている。前述した「シンサイ」を、現代のラオス語で判りやすく書き直したのもウティンである（1993年出版）。

(3) 短編集「母のいとし子」

ウティン・ブンニャウォンの14話からなる短編集「母のいとし子 (*Mother's Beloved*)」は、ラオス語と英語との対訳版として1999年にタイで出版された。物語に描かれた市井の人々の生活や心情を読み取れる貴重な作品であると考えるので、内容の順序通りに、全編の概略を記したい。

母のいとし子

20年も前に生まれた村を離れて町で暮らす3人の青年たちが、それぞれ調査や取材の任を負って、そのうちの1人ブンカムの故郷を徒歩で訪れる。彼は、まだそこで暮らしているはずの叔父のために、悪路に苦労しながらも練乳の缶詰を2つ持ってきた。しかし、村の入口で偶然、妊婦に出会い、缶詰の1つを彼女に与えてしまう。

そして、ブンカムは、8歳の時に亡くなった母親についての思い出話をする。妊娠中の母は、鹿を仕留めて帰ってきた村人に出会い、彼らと同じ量の分け前を与えられた。その夜、家族そろって、鹿肉のラープ*を食べたが、彼女はその夜明けに出産した。その赤ん坊がブンカムだった。村人は、ブンカムは鹿の生まれ変わりに違いないと話し合った。

この話はブンカムの体の一部のようになって、妊婦には栄養をとらせるため

---

*　ラープはラオスの典型的な料理で、挽肉に香草を加えて炒めたもの。

に特別の配慮が必要なのだ、そのためには知らない女性であっても親切にしなくてはいけないと常に考えていた。実際、自分の母はその親切を受け、母の与えられた贈り物が自分の体の一部になっているのを感じていたのだ。そして、今、生まれ故郷で出会った妊婦に贈り物をせずにはいられなかった。

犠牲
　自転車で通勤する私は、風を切って走る爽快さ、時には歩行者を後ろに乗せて、人助けをする喜びを語る。

美しい人（1978年発表）
　男性が内側、女性が外側になって、二重の輪を作って踊る、ラオスの伝統的ダンス、ラムウォンを眺めながら、パートナーの現れるのを待ちわびている少女がいる。ついに、彼女の前にダンス申し込みの花輪を持った青年が現れた。彼は1週間後、カノムコック*を売っている彼女のところにきて、買ってくれる。2年後、再び出会ったとき、彼は革命兵士、彼女は革命の地区女性指導員となっていた。
　以前ダンスに興じていた多くの女性たちは国外に逃亡したり、収容所に送られたりした。彼らとは対照的に、祖国解放に貢献した青年男女は賛美される。革命直後の、政府の意図を採りいれた典型的な作品の1つである。

貢献（1990年発表）
　街角の木陰で、1日中靴の修理をするのを生業としている男の前には、靴底を取り替えて立派に甦った1足の靴が置かれている。この貧しい靴職人は、修理の材料費として、かなりの出費をしてしまったのだが、依頼主が現れない。修理代としては1500キップ受け取りたい。3日以内という約束だったが、既に2ヵ月が経ってしまった。ラジオが、タイとの国境紛争のニュースを伝えている。国民が国境で戦う兵士を激励するために、現金、タバコ、食べ物、日用品などを送っているという。靴修理人は、もしこの靴の修理代を受け取ったら、

＊　カノムコックはラオスやタイによくあるスナック。35ページ参照。

その半分を兵士たちに送ろう、と心の中で計算を試みる。

　ある日、彼の前に軍隊の車が停車し、足の不自由そうな若者が降り立った。ついに、靴修理の依頼主が現れたのだったが、彼は国境での戦いで片足を失っていた。

　男は、靴を差し出し、あれほど期待した修理代を受け取らず、それを兵士への贈り物とした。

特別席

　20歳の大学生が、管理職を務める叔父にVIP用の特別観覧券をもらって、バスケットボールを観戦する。最初、得意絶頂だった彼は、次第にその形式主義、偽善主義、人間性抑圧の雰囲気に困惑し始める。そして、美しく着飾った女性たちが、銀の盆を捧げて寄付金を集めに来たのに困り果て、競技場も目に入らなくなる。

50キップ

　セミの鳴きしきる暑い日、アイスクリーム屋の鳴らすベルの音が聞こえてきた。私は家で預かっている幼い従兄弟に100キップを渡して、2人分のアイスキャンディーを買いに行かせた。しかし、彼は私に1本だけ買ったアイスキャンディーを渡す。わけを聞くと、残りの50キップは病院で妹の看病をしている母親に渡して、薬代にしてもらいたいと言う。私はさっきまでの喉の渇きが全身から引いていくのを感じ、その1本だけのアイスキャンディーを幼い者に渡した。

灰包みの喜び（1990年発表）

　少女ピューは、川べりで銀のベルトを見つけて、思わず盗んでしまった。家でひそかにベルトをしてみたが、すぐに後悔の念が彼女を苦しめ始める。次の晩、前日に水浴びをした者は、バナナの葉で灰と唐辛子を包んで村長の家に持ち寄ることになった。皆が同じものを持ち寄る機会を作り、良心の呵責を感じ

＊　北部ラオスの習慣だと思われる。

る者は密かに盗品を返すことができるようにするためである。
　誰がどれを持ってきたのか判らないように別室に集められた25個の灰の包みを、村長は、衆目注視の中で開いていく。19個目を開いたとき灰の中から銀のベルトが出てきた。一番喜んだのはベルトの持ち主だが、返した者もその場にいた者も喜びに包まれた。

父の友人
　私は、7歳の娘と、1989年のボート競技の終わった、ゴミだらけのメコンの川べりを歩いていた。ゴミを体中にまとった男がいたが、よく見ると、精神を病んだかつての友人だった。私の娘は「あんな友だちがたくさんいたら、メコンもきれいになるわね」と言い放った。

永遠に結ばれし鳥[*]
　ナン・オーンは、7歳の息子ニットとヴェランダに出て、夕暮れの景色に眺めいる。2人は、毎日のように、仲の良い2羽の鳥が木の上を飛んでいくのを見た。ある日、その姿が見えないので訝っていると、仕事から帰った夫が、材木の仲買人が2羽の大きな鳥を射止めた話をした。家の前を、伐採された材木を運ぶトラックが往復し、満開の火炎樹をはじめ、他の木々も道路も埃をかむり、鳥も飛ばなくなり、オーンが飲むことも買うこともできないビールやペプシの空き缶が散らばる。

死の値段（1960年代～70年代初頭発表）
　トンシーは6ヵ月の赤ん坊と2人の子供を連れて、ムアンスイ[**]の駐屯地に夫を訪ねようと、早朝から飛行場に来て、待っている。乗客名簿を読み上げて誰が搭乗するかを決めるのは、とんとん拍子に出世して最近生活も派手になってきた通称「ミスター・大尉」というきらわれ者だった。今まで何度申し込んでも、彼女の名は呼ばれたことがなかった。この日も、夜明けと共に待っていた

---

[*]　タイの民話に、仲の良い鳥の夫婦の話がある。誤解のため2羽は死に至るが、2羽とも人間に生まれ変わり、再び強い愛情で結ばれる。作者はこの物語への思いを込めたのではなかろうか。
[**]　ムアンスイはジャール平原の西にあり、王国政府側の拠点だった。シエンクアン県。

が、第1便では満員を理由に乗れなかった。正午の第2便では、高官の妻が自分の商う商品とともに乗り込んできたため、重量オーバーを理由に乗客が制限された。翌日、トンシーは500キップを握りしめて「ミスター・大尉」の事務室を訪ね、懇願するが、彼はそんなはした金には見向きもしなかった。しかし、その日の8時の便では最後にトンシーの名が呼ばれた。

　ようやく飛行機の座席について安心したその時、ジープがやってきて、3人の高官らしい男が大尉に近づいた。やがて、大尉が飛行機に乗り込んできて、トンシーと他の乗客を降ろし、そこにくだんの3人を乗せた。

　落胆したトンシーはムアンスイから帰ってくる次の便を待ったが、予定時刻を過ぎても飛行機の姿は見えない。あの高官たちを乗せた飛行機は、エンジン・トラブルのため、ジャングルに墜落し炎上したという。

チャンパ* (1980年発表)

　私の家の前庭には大きなタマリンドの木があって、心地よい木陰は皆の憩いの場になっていたが、電線を引くのに邪魔になるといって切られてしまった。邪魔な枝だけ切ってほしいという願いは無視されてしまった。私は、木のなくなった道沿いに3本のチャンパを植えた。隣人もこれにならって、それぞれの家の前に私の提供した枝を挿し木した。数年後、チャンパの並木が出来上がり、人々は涼しい木陰と香しい香りを楽しむようになった。

ジャール平原からの声

　ラオスの新聞記者である私のもとに、マイ・デンという青年からの1通の手紙が届く。宛て先はジョニーというアメリカ人の平和運動家であるが、住所がわからないため、マイ・デンはその手紙を、英語版、仏語版も発行している新聞に掲載して、ジョニーの目に触れる日のあることを願っている。

　私は、この青年のことを記憶している。彼は私がかつて取材した戦争避難民の帰郷第1陣の中にいて、戦時中、家族と共に生まれ育ったジャール平原を去ったいきさつを語り、今、再び平和な故郷に帰る喜びを新しい人生の出発とし

＊　チャンパはラオスの国花。

て希望を込めて私に語ったのだった。

　その後、マイ・デンの身に何が起こったのか。それは、彼自身が手紙の中に綴っている。

　彼の帰郷の喜びは、焦げた樹木、瓦礫と、大地に空けられた巨大なクレーターを前にして、たちまち萎んだ。クレーターは直径2〜10m、深さは5〜6mにも及ぶものだった。かつて飛び交った鳥の姿もなく、ただ草だけが繁茂して波打つ、荒涼たる廃墟と化した故郷の姿を見て、号泣するのみだった。

　そして、希望に満ちて帰郷した直後、2日間の間に3人の仲間が不発弾の犠牲になって死んでしまった。そのような危険と隣り合わせのまま、人々は、仮設住居を建て、かつてしたように土を耕し始めた。

　ある日、マイは草で覆われたクレーターを歩いて渡ろうとして、中心部にたまった水に足をとられ危うく溺れるところを助けられた。

　マイ一家も、とにかく、土を耕して、作物を作り、食べていかねばならない。彼は、ある日、ヤムイモの植付けをするため、大鍬を担いで畑に出た。耕して1時間後、鍬の先が不発弾を打ってしまった。爆発と同時にマイは地面に投げ出され、意識を失った。そして、病院で意識を取り戻したとき、自分が両足を失ったことを知る。

　泣いても泣いても、もう失ったものは帰ってこない。もう死んだのも同然、明るい未来への夢は消えてしまった。絶望の底で、彼は、ジョニーに呼びかける。

　あなたは、有名な活動家で、政界にも影響力のある人です。平和運動の英雄なのです。どうか、平和のために戦っている人々を支援して、活動を続けて下さい。この手紙は、ジャール平原からの叫び、戦禍の残した危険と向き合って暮らす者たちの声なのです。

　私は、手紙を読みながら、胸の凍るような戦慄の走るのを感じるとともに、言いようのない無力感に襲われる。今、せめてできるのは、「ジャール平原からの声」と題して、この手紙を新聞に掲載することである。

ディックとデン（1974年発表）
　11歳の兄のブントウが飼う犬ディックと、私の愛犬デンとの対照的な行動

と性格が語られる。強引にデンの餌を奪おうとするディックは、私が撲ってやろうとして棒を摑んだだけで悲鳴をあげてブントウを呼ぶのが上手だ。ある日、兄と一緒に2匹の犬を連れてメコン川沿いに散歩に出た。走っている車から誰かがパンを投げて、すぐ近くにいたデンがそれを呑みこんだ。ディックは怒ってしつこくデンを追いかけていって、走ってきた車に触れ、溝に落ちていったが、起き上がってきて後脚をひきずりながら、家の方に逃げていった。私は、「ささいなことで、いちいち争うな、落ち着け」と初めてどちらの犬にも組みせず、両方の犬に向かって叫んだ。

母を慕って

　実家の父親を看病するために母はパークセーに行ったが、予定より滞在が延びてもう1ヵ月になる、子供たちは母の帰りを待ちわびている。家の中ではいつも母が主人だった。大切な問題になると、母は顔を紅潮させて議論し、父の方がいつも折れるのだった。子供たちはいつも母の味方だった。

　ある日、母から便りがあり、その中に写真が入っていた。道端で野菜を売る7、8歳の頃の母の姿が写っていたが、わざわざ彼女が撮影されたわけではなく、パークセーの経済発展についての記事に使われた写真に偶然写ったものだった。

　貧困にあえぐ農家に生まれた母は、学校から帰ると、畑で野菜や果物などを採って売りに行ったのだった。地面に新聞紙を敷き、野菜や果物をそろえて並べ、買い手を待つ。その収入で文房具を買い、残りは母に渡した。時々、警官の手入れがあり、道路の物売りは追い払われたが、そんな時、商品は踏みつけられて埃まみれになってしまい、彼女は泣き出すのだった。

　手紙に書かれた、そんな母の昔語りを初めて知った筆者と弟妹は、母を慕って一緒に泣いた。

　以上の物語は、必ずしも書かれた年代順にはなっていない。「死の値段」は、王国政府時代の腐敗政治の一端を描いた物語であるが、それに取って代わった現在の人民革命党政府の腐敗ぶりもこれに勝るとも劣らぬ勢いである。作者は、かつての王国政府批判の作品として発表することによって、現政権の我

欲に走り、弱者を切捨てる体質を暗に描写し、批判していると考えてよいだろう。

「ディックとデン」は、わずかな食べ物を巡って常に争う犬と、それに巻き込まれてにらみ合う飼い主の描写を通して、右派と左派に別れ、権益をめぐって内戦に明け暮れ、国民の運命を狂わせる人々を比喩している。第三者の目からは、富と権力を巡る内紛であった革命劇である。物語の結びの「私」は、どちらにも組せず「いい加減にしろ」と叫びたい庶民の怒りを代弁しているのであろう。

「美しい人」と「貢献」は、1975年以降に典型的に見られる、革命政権、政府軍に対する賛美である。前者では、王国政府時代は一顧だにされなかった貧しい少女が、革命によって、自信をもって指導的地位について活動するばかりかロマンスをも経験する。後者は、1988年のタイとの国境紛争に材を取った、軍隊や兵士に対する感謝を奨励する物語ではあるが、立派に修理された靴、片脚を失った靴の持ち主、修理職人の一途な気持ちがよく描かれている。

革命後、60年代には車があふれていたヴィエンチャン市街は、自転車ばかりになったと言われる。「犠牲」は、その当時の教訓的物語であろう。

比較的最近の作品としては、ラオスの変わりゆく社会、ことに環境問題に触れた作品として、「チャンパ」「永久に結ばれし鳥」「父の友人」、盗みを犯した者をひそかに救う、農民の知恵に満ちた伝統的習慣についての物語「灰包みの喜び」などがある。

いずれの作品にも、貧しい弱者への暖かい眼差しと共感が込められているが、物語は時代を写す鏡として、特に革命後は人民革命党の意図を写す鏡としての役目を持っている。その枠組みの中で、筆者は巧みに批判の対象を比喩的な背景と登場人物に設定する手法をとっている。

資本主義化に伴って、ラオスの作家は政府からの補助を打ち切られ、独力で生活していかなければならなくなった。国内の書籍の出版は、年間平均10冊で、およそ2000冊ずつ印刷されるという[Koret *op.cit.*: 23]。ラオスの社会がますます消費経済に向かって加速すれば、読者も軽い娯楽的な内容を強く求めるであろう。ラオス語による文学が誕生したのは、せいぜい半世紀前であるが、人間と

第7章　描かれた女性像　　　　　　　　　　　　151

今も変わらず少女たちが野菜を売っている。(ラックサオに近いトンプ村)

しての尊厳、精神の内奥に真摯に迫る文学は舞台から退きつつあるのが現状である。

(4) 女性：母なるもの

　ウティン・ブンニャウォンの作品集で、特に注目したいのは、最初と最後の物語が男性による母への思慕がテーマになっていることである。いずれの母も貧しい農村でひたすら働いて子供を育てた。「母のいとし子」の母は、息子が8歳のときに死んでしまうが、彼女の心身は息子のそれと一体化して生きているようだ。自分にとっては貴重な缶詰をゆきずりの妊婦に与えずにはいられなかった青年の行為の中に、幼い日にこの世を去っていった母へのせつない追慕の情が感じられる。

　私は、ようやく手にしたラオス人による現代文学の中に、ラオスの女性像を見ようとしたが、女性像も歴史の鏡であり、政治の鏡であり、政策によって作

られた価値観の鏡であることを再認識した。革命の前後には、革命に貢献する女性、兵士に奉仕する女性が賛美され、製造される。

　現在は、人民革命党政府の政策に賛同し行動する、そういう意味で活動的な女性が賛美されるのだろう。しかし、時代の要求するイメージを超越して、その頂点にあるのは、女の「母」としての役割である。時代の環境、価値観とぶつかりながら、個人として、人間として生きようとする女性の心理的葛藤を描いて発表するのは、至難の業というより、現在のラオスでは、不可能であろう。作家にとっての女性像は、母性賛美がラオスの社会描写には一番適しているし、一番無難に受け入れられるということだろう。

　タイにおいても、ほとんどの作家は、多かれ少なかれ「母」の物語を書いているし、さまざまな職業の人々によって書かれた、母についての60編の物語を編んだ本も出版されたという。男は、家から外の世界に出ていって、冒険、競争、闘争、遊興に走り、男らしさを誇示しようとする一方、女性はいつも家にいて優しく男を慰め、保護してくれる母、または妻であることを期待される。男は、家の外と中に、娯楽の相手と、道徳と慈しみのシンボルとしての母や妻というように、それぞれ異なる女性を期待するが、前者は、後者の存在、保護という前提条件があってこそ可能な話である。

　タイでは、人間の生存を可能ならしめてくれる大地、米、水は、すべて母によって象徴される。たとえば、「母なる大地」「母なる米」「母なる水」というように。タイの文化は、女性に、頼りになる母、妻であること、外海に漂い出た男性をいつも優しく迎えて慰め保護する安息の場所であることを期待してきた。夫や息子が頼りにならない男でも、女は、勤勉に働き、家族を養い、良心的、道徳的であらねばならない。そして、男が期待するように、その苦労、強靱さを奥に秘めて優しく美しく微笑まなくてはならない。その意味で、「女性はタイの中心」的存在なのである。［Mulder 1996: 83-86］

　前述のシー・ダオルアンが描いたように、さんざん英雄たちをてこずらせた大魔王、怪物のトッサカンもタイ女性の典型、シーダにはあえなく降伏する。

　この二極化した男女の役割の歴史は、タイ社会ばかりでなく、ルーツを同じくするラオス社会にも深く浸透している。女性が、生きとし生ける者を愛し、受け入れ、養い、抱擁する大地、水、食糧の象徴そのものなのだ。タイでもラ

オスでも、川は「メー・ナム（母なる水）」と呼ばれている。メコン川が「メーナム・コン」と呼ばれるように。その母への思いが、ウティン・ブンニャウォンの作品集を額縁のように飾っている[*]。

---

[*] ウティン・ブンニャウォンは1998年に東京外国語大学に助教授として赴任したが、2000年、ラオスで病死した。

参考文献

ラオス政府機関刊行文献

Committee for Planning and Cooperation, National Statiscal Center (2003), *Report of the Baseline Situation, Analysis in Three Southern Provinces, 2002.*

――― (2004a), *Data of Geography, Meteorology and Hydrology.*

――― (2004b), *Report of the Population Count 2003.*

――― (2004c), *Social and Economic Indicators, Lao Expenditure and Consumption Survey 2002/03,* LECS 3.

Committee for Planning and Investment, National Economic Research Institute (2005), *Economic Review.*

Lao Women's Union GRID Center (2001), *Marriage and Family in the Lao PDR.*（本文中, *MFL* と略記）.

L'Assemblee Populaire Supreme Vientiane (1991), *Constitution de la Republique Democratique Populaire Lao.*

Ministry of Health, National Institute of Public Health, State Planning Committee, National Statistical Center (2001), *Report on National Health Survey, Health Staus of the People in LAO P. D.R.*（本文中, *RNHS* と略記）.

Ministry of Labour and Social Welfare (1999), *Labour Law of Lao People's Democratic Republic.*

State Planning Committee (2000), *Poverty in The Lao PDR: Participatory Poverty Assessment.*

State Planning Committee, National Statistical Center (2001), *Report of the Lao Reproductive Health Survey 2000*（本文中, *RLRHS* と略記）.

UNICEF Vientiane (1992), *Children and Women in the Lao People's Democratic Republic.*

日本語文献

青山利勝 (1995),『ラオス・インドシナ緩衝国家の肖像』中央公論社.
石川松太郎編 (1994),『女大学集』平凡社.
乾　美紀 (2004),『ラオス少数民族の教育問題』明石書店.
上田玲子 (1996),「口承文学」綾部恒雄・石井米雄編『もっと知りたいラオス』弘文堂.
梅棹忠夫 (1979a),『東南アジア紀行 (上)』中央公論社.
――― (1979b),『東南アジア紀行 (下)』中央公論社.
大城直樹 (1996),「風土と地理」綾部恒雄・石井米雄編『もっと知りたいラオス』弘文堂.
風野寿美子・佐藤正孝 (2003),『ラオスの風：サルイ村滞在記・他』風野書房.
上東輝夫 (1990),『ラオスの歴史』同文館.
――― (1992),『現代ラオス概説』同文館.

菊池陽子 (1996),「ラオス独立への道」綾部恒雄・石井米雄編『もっと知りたいラオス』弘文堂.
菊地良一・晶子 (2004),「夫婦で暮らしたラオス：スローライフの二年間」めこん.
国際婦人教育振興会 (1999),『平成11年度　ラオス・タイ班視察報告書』.
国際連合 (2001), 日本統計協会訳『世界の女性2000・動向と統計』日本統計協会.
スワントーン・ブッパーヌウォング (1993), 星野龍夫訳『ムアン・プアンの姉妹』大同生命国際文化基金.
瀬戸裕之 (2003),「政治」ラオス文化研究所編『ラオス概説』めこん.
高群逸枝 (1966a),『高群逸枝全集第1巻：母系制の研究』理論社.
――― (1966b),『高群逸枝全集第2巻：招婿婚の研究1』理論社.
――― (1966c),『高群逸枝全集第3巻：招婿婚の研究2』理論社.
竹内正右 (1999),『モンの悲劇』毎日新聞社.
鶴見良行 (1994),『マングローブの沼地で：東南アジア島嶼文化論への誘い』朝日新聞社.
中田友子 (2004),『南ラオス村落社会の民俗誌』明石書店.
西岡京治・西岡里子 (1978),『神秘の王国：ブータンに"日本のふるさと"を見た夫と妻11年の記録』学習研究社.
ピリヤ・パナースワン (1987), 桜田育夫訳『メコンに死す』めこん.
古田元夫 (1996),『アジアのナショナリズム』山川出版社.
増原善之 (1996),「政治と経済」綾部恒雄・石井米雄編『もっと知りたいラオス』弘文堂.
松井やより (1997),『女たちのアジア』岩波書店.
山本利雄 (1971),『メコンの渇き――ラオス巡回医療班の記録――』講談社.
ラオス文化研究所編 (2003),『ラオス概説』めこん.

英語文献

Baker, Chris (ed.) (2004), *The Society of Siam*, The Siam Society, Bangkok: Thailand.
Bounyavong, Outhine (1999) : *Mother's Beloved: Stories from Laos* (ed.by Inversin, Bounheng & Duffy, Daniel), Silkworm Books, Chiang Mai: Thailand.
Boupha, Phongsavath (2003), *The Evolution of the Lao State*, Konark Publishers, Delhi:India.
Brown, Mervyn (2001), *War in Shangri-La: A memoir of civil war in Laos*, Silkworm Books, Chiang Mai: Thailand.
Daoruang, Sri (2004), "Tales of the Demon Folk", *Married to the Demon King: Sri Daoruang and Her Demon Folk* (ed. & translated by Susan F, Kepner), Silkworm Books, Chiang Mai: Thailand.
Evans, Grant (ed.) (2000a), *Laos: Culture and Society*, Institute of Southeast Asian Studies, Singapore.
――― (2000b), *The Politics of Ritual and Remembrance:Laos since 1975*, Silkworm Books, Chiang Mai: Thailand.
――― (2002), *A Short History of Laos: The Land in Between*, Silkworm Books, Chiang Mai: Thailand.
Fukuyama, Francis (1992), *The End of History and the Last Man*, Penguin Books, London: England.

Hoshino, Tatsuo (2002), "Wen Dan and Its Neighbours: The Central Mekong Valley in the Seventh and Eighth Centuries", *Breaking New Ground in Lao History: Essays on the Seventh to Twentieth Centuries* (eds. by Ngaosrivathana, Mayoury & Breazeale, Kennon), Silkworm Books, Chiang Mai: Thailand.

Jumsai, M.L.Manich (2000), *History of Laos* (Revised by Chamsai Jootisalokorn), Chalermnit, Bangkok: Thailand.

─────── (2000), *Thai Folktales,* Chalermnit, Bangkok: Thailand.

Kepner, Susan F. (ed. & translated) (2004), *Married to the Demon King: Sri Daoruang and Her Demon Folk,* Silkworm Books, Chiang Mai: Thailand.

Klausner, William J. (2000), "In-law Tales", *Thai Folklore Insight into Thai Culture* (ed. by Nathalang, Siraporn), Chulalongkorn University Press, Bangkok: Thailand.

Koret, Peter (1999), "Contemporary Lao Literature" Outhine Bounyavong, *Mother's Beloved: Stories from Laos,* Silkworm Books, Chiang Mai: Thailand.

Kremmer, Christopher (1998), *Stalking the Elephant Kings,* Silkworm Books, Chiang Mai: Thailand.

Krier, Jennifer (1995), "Narrating Herself: Power and Gender in a Minangkabau Women's Tale of Conflict", *Bewitching Women, Pious Men,* (eds. by Aihwa Ong & Michael G. Peletz), University of California Press, London: England.

Mixay, Somsanouk (2000), *Treasures of Lao Literature: Volume 1,* Vientiane Times Publications, Vientiane: Laos.

─────── (2004), *Treasures of Lao Literature: Volume 2,* LJA Publications, Vientiane: Laos.

Mulder, Niels (1996), *Inside Southeast Asia: Religion Everyday Life Cultural Change,* Silkworm Books, Chiang Mai: Thailand.

─────── (2003), *Southeast Asian Images: Towards Civil Society?,* Silkworm Books, Chiang Mai: Thailand.

Nartsupha, Chatthip (1999), *The Thai Village Economy in the Past,* Silkworm Books, Chiang Mai: Thailand.

Nathalang, Siraporn (ed.) (2000), *Thai Folklore Insight into Thai Culture,* Chulalongkorn University Press, Bangkok: Thailand.

Nathalang, Siraporn (2000), "Thai Folktale Drama on Television: Tradition and Modernity", *Thai Folklore Insight into Thai Culture* (ed.by Siraporn Nathalang), Chulalongkorn University Press, Bangkok: Thailand.

Ngaosrivathana, Mayoury & Breazeale, Kennon (eds.) (2002), *Breaking New Ground in Lao History: Essays on the Seventh to Twentieth Centuries,* Silkworm Books, Chiang Mai: Thailand.

Ong, Aihwa & Peletz, Michael G. (eds.) (1995), *Bewitching Women, Pious Men,* University of California Press, London: England.

Peltier, Anatole-Roger (2000), *The White Night Jar: A Lao Tale,* Dr. Marcel-Charles Roy International Foundation, Vientiane: Laos.

Pholsena, Vatthana (2006), *Post-war Laos: The Politics of Culture, History and Identity,* ISEAS

Publications, Singapore; NIAS Press, Copenhagen: Denmark; Silkworm Books, Chiang Mai: Thailand.

Rajadhon, Phya Anuman (2004), "Me Posop, the Rice Mother", *The Society of Siam* (ed. by Chris Baker), The Siam Society, Bangkok: Thailand.

Rigg, Jonathan (2005), *Living with Transition in Laos: Market Integration in Southeast Asia,* Routledge, New York: London.

Satha-Anand, Suwanna (1997), "Madsi: A Female Bodhisattva Denied?", *Women, Gender Relations and Development in Thai Society* (eds. by Virada Somswasdi & Sally Theobald), Chiang Mai University, Chiang Mai: Thailand.

Schenk-Sandbergen, Loes & Choulamany-Khamphoui, Outhaki (1995), *Women in Rice Fields and Offices: Irrigation in Laos: Gender Specific Case-studies in four villages,* Empowerment, Heiloo: The Netherlands.

Sirisambhand, Napat & Gordon, Alec (2004), "Thai Women in late Ayutthaya Style Paintings", *The Society of Siam* (ed. by Chris Baker), The Siam Society, Bangkok: Thailand.

Somswasdi, Virada & Theobald, Sally (eds) (1997), *Women, Gender Relations and Development in Thai Society,* Chiang Mai University, Chiang Mai: Thailand.

Stieglitz, Perry (1990), *In a Little Kingdom,* M. E. Sharp, Inc., New York; London.

Stuart-Fox, Martin (2002), "On the Writing of Lao History: Continuities and Discontinuities", *Breaking New Ground in Lao History: Essays on the Seventh to Twentieth Centuries* (eds by Mayoury Ngaosrivathana & Kennon Breazeale), Silkworm Books, Chiang Mai: Thailand.

Than, Mya & Tan, Joseph L. H. (eds) (1998), *Laos' Dilemmas and Options,* Institute of Southeast Asian Studies, Singapore.

Theeravit, Khien & Semyaem, Adisorn (2002), *Thai Lao Relations in Laotian Perspective* (Translated by Soravis Jayanama), The Institute of Asian Studies, Chulalongkorn University & The Thailand Research Fund, Bangkok: Thailand.

Velder, Christian & Velder, Katrin A. (eds) (2003), *The Rice Birds: Folktales from Thailand,* White Lotus, Bangkok: Thailand.

Weldon, Charles M.D. (1999), *Tragedy in Paradise,* Asia Books, Bangkok: Thailand.

仏語文献

Bounyavong, Outhine (2003) adapte en lao moderne & Menguy, Dominique: traduit en francais, *Sinxay* (Vol.I), Dokked Publishing, Vientiane: Laos.

―――― (2004) adapte en lao moderne & Menguy, Dominique: traduit en francais, *Sinxay* (Vol.II), Dokked Publishing, Vientiane: Laos.

新聞

Radical Party News Releases on Laos (15 Feb.2005), "Laos: A UN body expresses concern regarding women rights", http://coranet.radicalparty.org

The Nation（7 Dec.2005）, "Lao sets 2020 as target" by Supalak Garjanakhundee: Bangkok.
Vientiane Times（7 Dec.2005）, "Health fund pays hospital fees" by Khonesavanh Latsaphao,
　　――――（8 Dec.2005）, "Project to empower women enters second phase" by Khamphone Syvongxay, http://www.vientianetimes.org.la
　　――――（9 Dec.2005）, "Women workers test gender roles" by Soulivan Vongmany, http://www.vientianetimes.org.la
　　――――（14 Dec. 2005）, "Women combat discrimination" by Soulivan Vongmany, http://www.vientianetimes.org.la
読売新聞（2003年4月22日）,"ラオスでバス襲撃、学生ら10人死亡"
　　――――（2005年3月5日）,"生活のため不発弾売却"
　　――――（2006年3月1日）,"自衛隊OBら、ラオスで不発弾処理"

定期刊行物

アジア経済研究所（2001）,『アジア動向年報2001』.
　　――――（2003）,『アジア動向年報2003』.
　　――――（2004）,『アジア動向年報2004』.
栄養と料理編集部（2006）,「水と森と笑顔の恵み：ラオスの食と暮らし」『栄養と料理』6月号.
　　――――（2006）,「水と森と笑顔の恵み：ラオス南部の農村ラハナムを訪ねて」『栄養と料理』6月号.
風野寿美子（2004）,「ラオスに見る「女の働き」「男の働き」」『アジア女性研究』No.13.
瀧田修一（2003）,「持続可能な開発における女子教育普及政策――ラオス基礎教育の事例より」『アジア女性研究』No.12.
山田紀彦（2001）,「揺らぐ「安定神話」『アジア動向年報2001』アジア経済研究所.
　　――――（2003）,「2002年のラオス：政治・経済の安定と消えない将来への不安」『アジア動向年報2003』アジア経済研究所.
山田紀彦・天川直子（2004）,「2003年のラオス：着実に前進」『アジア動向年報2004』アジア経済研究所.
横山智（2005）,「照葉樹林帯における現在の焼畑」『科学』Vol.75, No.4.
Rehbein, Boike（2005）, "The Lao Economic Field", *Sojourn*, Vol.20, No.1.

あとがき

　ヴィエンチャンのワッタイ空港から、17人乗り有視界飛行の小型機に乗ってホアパン県の県都サムヌアの空港に到着すると、ここですでに鋭い前歯を折られた竹ネズミ1匹、細かく切った水牛の皮などを売る女性がじっと座っているのに会う。それから埃っぽい赤土の道を暫く車で走ると町の中心部に出る。そこで私たちは、炎天下の川沿いに2列、3列に屋台を並べ、食べ物から日用品まで何でも売っている市場のざわめきに迎えられる。近辺に住む女性や子供がいっせいに集まってきたかと思うような風景で、女性も少女もほとんどTシャツに長い巻きスカートをまとっている。
　しかし、この市場は野外の屋台ばかりではない。軒先に商品の並べられた室内に入ると、中は薄暗い迷路のようになっていて、両側に衣類や帽子などの商品がところ狭しと並べられ、あるいはぶら下げられていて、土間の通路を行けども行けどもそれが延々と続く。どこからか子供たちの興奮気味の歓声が聞こえるので、その方向に進んでみると、大勢の幼い子供たちが土間に座り込んでテレビのアニメ（タイの番組であろう）を見て声をあげているのだった。
　やがて、商品が日用品の山から、手織りの布地や刺繍をほどこした布地に変わった。シンと呼ばれる巻きスカート用の絹地、裾に色鮮やかな模様が織り込まれているのもあるし、模様だけかっちりと織り込まれているティン・シンと呼ばれるスカートの裾に付ける飾り布もある。刺繍は、黒地の布に細かいクロスステッチで、花や象や鳥などを組み合わせた連続模様が刺されている。それから、どこをどう歩いたかわからぬままに、今度は肉をさばきながら売っている女性たちの前に来てしまった。毎日こうして肉の山を処理し、売りさばいているのだろう、その血色の良い健康そうな女性たちの顔に、半端ではない強さ、たくましさを感じる。
　しかし、なんと言ってもこの時一番印象に残ったのは美しい布地であったが、後にこの周辺は女性たちによる手織り布の産地であることを知った。そして、

サムヌアからサルイ村に入ってまず視界に飛び込んできたのが、2人の女性が2階のベランダで染め上げた糸の束を干している絵のような光景だった。ここでも、女性たちが村をあげて織物に精を出し、それが重要な現金収入の手立てとなっていることを知った。織物は、地域の伝統によって、多様な特徴があるはずだが、全国のあらゆる布が集まってくると言われるのが、ルアンパバーンの市場や、ヴィエンチャンのタラート・サーオである。
　織物は、長時間の根気、忍耐、努力を要する孤独な作業ではあるが、それを売りさばく女性たちは、きわめて積極的で、大胆で、饒舌で、元気が良い。
　しかし、一般的に女性たちが一番活動的に見えたのは、なんと言ってもヴィエンチャン市であろう。地方の女性がほとんど農作業に従事、またはせいぜい小規模な商いに従事しているのと比べると、ヴィエンチャンの女性の仕事は多様である。メジャーを持ってきて手際よく客のサイズを測り、手早くラオス式スカートを仕立てるプロとしての自信に輝いている女性、若い人たちを指導しながら混み合う食堂をきりまわす女性、中高生の下校時を待ち受けて、校門でアイスクリームやスナックを売る女性など、創意工夫の余地は広く、機会は多様である。ここでは、特別な場合を除いて、日常的には巻きスカートの女性は少なくなっているばかりか、制服を除いて、少女、子供たちの服装にも民族色は見られなくなってきている。それに替わって国際的な流行のファッションが支配し始めるのだろう。
　ルアンパバーンの王宮博物館に入館する際、ラオス人の女性は巻きスカート着用が条件になっているのだが、現実にはそうとばかりは言っていられず、博物館側で化繊の地味なスカートを用意して、伝統的服装でない女性の下半身を覆わせるようにしている。また、山間部の村でも、次第に少女たちのズボン姿が増えてきているばかりか、見慣れぬ者が村に入ると子供たちが一斉に見物に寄ってきた風潮も次第に消えつつあるのを思い出す。
　ヴィエンチャン市内のファーグム王の銅像が立っているK2公園も、レストランも、夕暮れのメコン河畔も、家族連れや友人のグループで賑わい、生活の余裕を感じさせる。ブン・オークパンサーの祭りの季節の目抜き通りは、屋台と人と道路に捨てたごみでごった返していた。男性はもちろん女性も何か食べながら、ごみを蹴立てて歩いていたが、私はその荒々しい怒濤のような人々の

群に、何とも言えない新しいエネルギーを感じた。

　前の章で、私は山間僻地の教育の困難について述べたが、教育制度の整備されているヴィエンチャン市内はもちろん、ラックサオ、サムヌア、シエンクアンなどで、徒歩や自転車で通学する中高生の群に出会うと、彼らは成長してどんな国造りに励むのだろうかと頼もしい気持になる。そして、「ラオスはこれから成長する国なのだ」という感を強くする。白いシャツに黒いズボンやスカートの制服姿に、今萌え出たばかりのような、盛り上がるようなエネルギーを感じることができるからだ。

　そんな時、すきま風のように心をよぎるのは、古い、薄汚れたスカートをまとい、重い籠を背負って車の上げる埃を浴びつつ歩き続ける農村の女性の姿である。山岳地帯の少数民族に生まれた女性の大半は、こうして労働に明け暮れる生涯を送ってきたのだろう。車が山間部に入って、さらに高度を上げて走ると、川の流れを中心にして小さな村々が点々と存在するのが見られる。これは私の思い込みかもしれないが、住居の作り、半ば裸の子供たちの姿から、山間部では村の所在地が高くなればなるほど人々の暮らしは貧しいという印象を受ける。日が落ちても暖かい電燈の明かりが漏れることもない、そんな村の埃っぽい道を歩いていると、もう家ダニを拾いこんでいる。ボーペンニャン（どうでもいいさ）と言って、弱々しく笑ってみるしかない。

　そして、そういう所からヴィエンチャン市に帰ってくるとまるで別世界で、その生活の便利さと心地よさに、自分が体中で安堵しているのを感じる。そして、若い人々が収入と快適な生活を求めて都市部に流れるのは当然のなりゆきであることを実感する。

　大量生産の安い衣料が容易に手に入るようになってきている。多くの女性たちは織機から離れ田畑を去り、ジーパン姿になって新しい機会を求めて出て行くことだろう。

風野寿美子 (かぜの・すみこ)

1992年、27年間の公立小・中学校の教員生活に終止符を打ち、日本語教師として渡英。
翌93年、ハル大学 (University of Hull)、経済社会史学部入学。
2000年、同学部大学院修了。
1999年、水生甲虫専門の昆虫研究者佐藤正孝に出会い結婚。以後、タイ、パラオ、台湾、中国などへの採集旅行に同行するようになった。2002年春より採集地にラオスが加わり、毎年数回訪れる(主な訪問地は、ヴィエンチャン、サムヌア、サルイ村およびプーパンを中心に、シエンクアン、ヴァンヴィエン、ラックサオ、サイソンブーン、ルアンパバーンなど)。
90年代前半より、東南アジアの女性、特に経済開発下における女性の生活の変容に関心を持って研究をしてきた。今後は、急激な社会的経済的変化の進行が予想されるラオスの女性に焦点を絞り、市場経済導入、貧困削減対策の実施、教育の振興等による農村の多様な生活や意識の変化をテーマとして、実地調査の範囲を広げつつ研究を続けていきたいと考えている。

著書

『わたしのポートレートギャラリー:イギリスの友人たち』(2002年)
『シンガポールの女性たち:資本主義とアジア的価値観のはざまで』(2003年)
『ラオスの風』(2003年、佐藤正孝と共著)
The Role of Women in Singapore: Collaboration and Conflict between Capitalism and Asian Values (2004年)

以上すべて「風野書房」刊として自費出版。

明日を紡ぐラオスの女性——暮らしの実態と変化のゆくえ

初版第1刷発行　2007年9月15日

定価2500円＋税

著者　風野寿美子
装丁　渡辺恭子
発行者　桑原晨
発行　株式会社めこん
〒113-0033　東京都文京区本郷3-7-1　電話03-3815-1688　FAX03-3815-1810
ホームページ　http://www.mekong-publishing.com

組版　字打屋
印刷　モリモト印刷株式会社
製本　三水舎

ISBN978-4-8396-0209-3　C0030 ¥2500E

0030-0707209-8347

JPCA 日本出版著作権協会
http://www.e-jpca.com/

本書は日本出版著作権協会（JPCA）が委託管理する著作物です。本書の無断複写などは著作権法上での例外を除き禁じられています。複写（コピー）・複製、その他著作物の利用については事前に日本出版著作権協会（電話03-3812-9424 e-mail：info@e-jpca.com）の許諾を得てください。

ラオスは戦場だった

竹内正右
定価2500円+税　A5判・158ページ

1975年の革命を境にラオスはどのように変わったのか。最後までラオスに残った日本人フォトジャーナリストの衝撃的なスクープ写真を中心に再構成したラオス現代史。

ラオス概説

ラオス文化研究所
定価5400円+税　A5判・572ページ

ラオス・日本両国の専門家が総力を結集した初めての概説書。歴史、政治、文化、民族、言語、宗教、経済、運輸、東北タイとの関係など、ラオスのすべてに言及。

夫婦で暮らしたラオス
—— スローライフの二年間

菊地良一・菊地晶子
定価1500円+税　四六判・294ページ

テレビ番組制作指導の専門家としてラオスに派遣された熟年夫婦の滞在記。ビエンチャンの庶民生活が事細かに描かれ、ラオス入門として最適。

緑色の野帖
—— 東南アジアの歴史を歩く

桜井由躬雄
定価2800円+税　四六判・444ページ

ドンソン文化、インド化、港市国家、イスラムの到来、商業の時代、高度成長、ドイ・モイ。各地を歩きながら3000年の歴史を学んでしまうという仕掛け。

入門東南アジア研究

上智大学アジア文化研究所編
定価2800円+税　A5判・318ページ

① 東南アジア世界の成立　②社会と文化　③政治と経済　④日本とのかかわり。東南アジアを総合的に学ぶための基本書。

変容する東南アジア社会
—— 民族・宗教・文化の動態

加藤剛編・著
定価3800円+税　A5判・482ページ

ダイナミックに変容しつつある東南アジアの周辺地域の状況を気鋭の人類学者・社会学者・歴史学者がフィールドから情熱をこめて報告。

ブラザー・エネミー
—— サイゴン陥落後のインドシナ

ナヤン・チャンダ　友田錫・滝上広水訳
定価4500円+税　四六判・710ページ

ベトナムはなぜカンボジアに侵攻したのか。中国はなぜポル・ポトを支援したのか。綿密な取材と卓越した構成力。世界のマスコミから絶賛を浴びた大著。

ベトナム戦争の「戦後」

中野亜里編
定価3500円+税　四六判・454ページ

日本とベトナムの「戦後世代」の研究者・ジャーナリストが力を結集して著した、ベトナムの戦後の実情と、ベトナム戦争が関係諸国に及ぼした影響の総括。

カンボジア
—— 僕の戦場日記

後藤勝
定価2500円+税　A5判・286ページ

戦場では実際に何が起きているのか。1977年、カンボジア内戦の最前線で恐怖に震えながら兵士たちと市民の極限の表情を撮ったフォトレポート。